李清照年譜

李清照年譜

于中航 編著

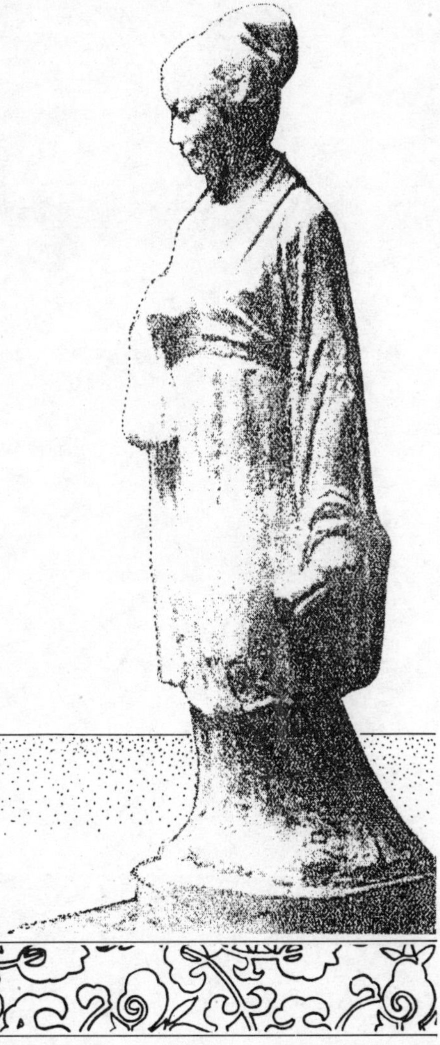

臺灣商務印書館 發行

自序

一九八〇年，濟南李清照紀念堂在撤銷十六年之後，重又恢復，我有幸主持紀念堂的陳列事宜。工作當中，除涉獵舊時文獻、時賢論著之外，我們還對李清照及其丈夫趙明誠生平遺跡作過一些調查，獲得了一些研究者不曾見到的材料，其中包括李格非所撰〈廉先生序〉及其刻石，趙明誠青州仰天山、長清縣靈巖寺及泰山等處的題名遺跡，有助於補充和訂正前人研究中的缺失。其後，又從宋人文籍中得到一些有關李清照、趙明誠親友方面的資料，因而產生了編寫一部李清照年譜的想法。一九九〇年盛夏中動手寫出初稿，後來斷斷續續作了一些修改補充，於一九九三年夏寫定。

李清照年譜，已有數種成書，李冷衷輯本《漱玉集》即附有年譜，但疏失頗多。已見各譜，以黃盛璋先生《趙明誠李清照夫婦年譜》（載中華書局《李清照集》）、王學初先生《李清照事跡編年》（人民文學出版社《李清照集校註》）最爲精審。本譜就是在充分利用黃、王兩先生成果基礎上寫成的。黃、王兩譜資料搜羅之富、考辨之精審嚴謹，都是令人敬佩的，但也偶有疏失，本譜對此有所訂正。愚者一得，非敢誇耀於時賢。

李清照、趙明誠《宋史》無傳，李清照文集早已不傳，關於她（他）們的生平，宋人文籍只有零星片斷記載，賴有李清照的〈金石錄後序〉，我們才對二氏生平有一個基本的梗概。本譜關於李清照本人的事跡，除了她的里籍之外，沒有發現新的資料，其所增益於前人者，一部分得之於《金石錄》，另外一些主要是有關他們夫婦親屬的材料。這些材料，雖然不屬譜主本人，但從更廣的角度看，對了解李清照的社會生活環境仍然是有益的。

年譜的體例，分年屬事，對於某些史事的敘述，不免傷於割裂破碎，本譜兼取紀事本末之體，以補其失。同時，對某些典章文物，略作箋釋，以便讀者。

作者自知知識有限，本譜疏失和取捨，編排不當之處，統希專家學者有以教正。

這本書能夠出版，多蒙舍親朱家聲、于斐伉儷協助。付排後，又代爲悉心校對。至感！至感！

關於李清照年譜的一些說明

一、新增李清照生平家世材料

(1)據李格非〈廉先生序〉及清照堂兄李迥跋語，知清照爲章邱明水人，舊傳歷城人，居歷城柳絮泉上，皆誤。又據上述兩文，知格非有二兄，一字和叔，乃李迥之父。

(2)清照弟迒與修〈紹興新修敕令格式〉轉一官（《宋會要輯稿》刑法一之三五）。

(3)濟南佛慧山有大觀三年李格非題名。

(4)格非遺集尚有《歷下水記》，其《禮記精義》雖失傳，但佚文尚見於南宋衛湜《禮記集說》。

(5)格非入館之年，據畢仲游《西台集》與格非書，考知當爲元祐六年末。

(6)清照〈詞論〉對北宋詞人多所批評，本譜結合有關詞人卒年增入清照對該人評語。

(7)清照〈烏江詩〉作年，依據其行跡，推定爲清照夫婦建炎三年離建康溯江至池陽這一段時間內。

(8)清照〈金石錄後序〉內容，盡量收入譜文中。

二、關於趙明誠生平

(1)新獲紀年資料數種：**故宮博物院藏歐陽修集古錄跋尾四墨跡卷，有明誠題記四則**，分別爲崇寧五年二月十五日，政和六年六月晦，重和元年十一月廿六日，宣和四年除日（自記是年爲四十三歲，按清照〈金石錄後序〉所紀年歲推算爲四十二歲，相差一年）；**青州仰天山有明誠題名五處**，有大觀二年重陽、三年端午、政和三年中秋，宣和三年四月廿五、廿六日等時日，與游者當中可知者，有明誠二兄導甫、妹婿李擢、傅察，姨弟謝克明；**長清縣靈巖寺有明誠三至其地的題記**，分別爲大觀二年九月與李擢、李曜，政和三年四月六日，政和六年三月四日。明誠得唐李邕〈靈巖寺頌碑〉，當在大觀二年。泰山頂政和三年四月八日題名，其獲唐登封紀號文二刻應在此行，黃盛璋《趙明誠李清照年譜》，王學初《清照事跡編年》，皆繫於政和六年。

(2)明誠畢生精力瘁於《金石錄》一書，本譜盡量採入有關材料：有紀年可據者：

結合明誠生平時地，採入有關條目。如元祐五年趙挺之知楚州，推測明誠得唐〈楚州修城記〉，當在是年。又如《金石錄》目錄載有不少青州、萊州及淄州等地碑刻，均適當編入明誠鄉居青州、守萊、守淄相應的時間。

結合宋時時事採入相關條目。如結合宣和二年方臘起事反花石綱事，編入明誠《唐義興縣修茶舍記》對貢奉之害論述的跋語；宣和三年海州守張叔夜招降宋江，結合編入叔夜贈明誠河南尹蘇使君碑額事。又如《金石錄》跋尾紀宋大名尹毀唐田緒、何進滔二碑以刻新製事，據《老學菴筆記》知乃政和六年大名尹梁子美所爲，以刻新頒《五禮新儀》。何碑近年在河北大名發現。結合此條，錄入明誠所紀宋時毀石刻數事。

(3)考知明誠姊妹四人：長歸史氏（見《夷堅志》），王學初譜已涉及；一歸營丘王師敏（官太僕寺丞），見汪藻《浮溪集》；一妹歸歷城李擢（晁公武〈傅察行狀〉），幼妹歸傅察（見行狀）。傅察死於宣和七年接伴金使；李擢建炎三年權兵部侍郎從衛太后在洪州。李擢、傅察事跡有較多採入。

(4)考知明誠有姨弟謝克明，乃謝克家之弟。克家對清照晚年有所關照，其事跡也有較多採入。

(5)明誠父挺之事跡有較多採入，如與蘇軾交惡事原委，樓鑰、朱熹跋趙清憲遺事，對趙挺之評價等。

三、對王學初和黃盛璋譜疏失有所訂正

(1)黃書謂《東都事略》作者王偁爲明誠友，王書謂疑爲王父王賞。皆非。明誠友王偁，字定觀，乃殿帥王恩之子。王恩《宋史》有傳。王偁事見《揮塵錄》。

(2)黃書誤以哲宗元祐六年十月幸太學爲七月間事。

(3)王學初《李清照集校註》〈詞論〉註，以晁端禮宣和時充大晟府協律郎、實政和三年事，是年端禮卒。

(4)王氏校註以清照〈上樞密韓公〉詩，序言五月使金，詩言六月，以爲二者必有一誤。按史籍，五月爲受命之時，六月始入辭成行，不誤。

目錄

附錄

卷首

李清照，自號易安居士，濟南李格非長女。

《宋史》卷四四四〈李格非傳〉：「李格非，字文叔，濟南人。……女清照，詩文尤有稱于時，嫁趙挺之之子明誠，自號易安居士。」

劉克莊《後村先生大全集》卷一七九〈詩話續集〉：「李格非，字文叔，濟南人。……其歿也，文潛志其墓。……志云：長女能詩，嫁趙明誠。」

濟南章邱人。

李格非〈廉先生序〉末題：「元豐八年九月十三日，繡江李格非文叔序。」序中稱廉先生爲「同里人」。其文見《濟南金石志》卷三〈章邱石〉，題作〈宋元豐八年齊郡廉先生序石刻〉；亦見清《道光章邱縣志．藝文志》。《山東通志》卷一五二，亦著其目。元代章邱人劉敏中《中菴集》卷三〈廉先生石陰記〉：「廉氏，本河南祥符人，遷于繡江。曰廉某先生者……元豐間歿，而里人李格非爲之序。後三十有七年，孫宗師輩刻石焉，有李迥題。」《中菴集》，北京圖書館有清抄本及元刊本縮微膠卷，二十五卷。《四庫全書》自《永樂大典》中輯出者，僅二十卷。

按繡江乃章邱別稱，以境内有繡江，故名。其水又名淯河，《讀史方輿紀要》卷三一〈章邱縣〉：「淯河，縣東一里，即繡江也。亦出長白山，合百脈泉及東西二麻灣泉，西北流，匯爲白雲湖，北流入小清河。」《宋史．地理志》：「濟南府，本齊州，政和六年升爲府，稱濟南府，轄歷城、長清、章邱、禹城、臨邑等五縣。」

廉先生名復。明弘治《章邱縣志》卷二十九〈隱逸〉：「廉復，不知何許人，少時曾一應舉。年四十，始卜廬繡江之側，誦《易》種竹，優游不仕。……年九十餘卒，而里人李格非爲之序，立碑繡江之涯。」《山東通志》卷一六七〈歷代人物志〉第十一〈歷代隱逸〉：「廉復，章邱人，隱居不仕，築室繡江之涯，以詩酒自樂，友人李格非序其遺稿，并志其墓。」一九八四年，濟南市郊出土劉豫阜昌六年《傅肇墓誌》，志文中云，其子知白，娶太易先生廉復之後。志石存濟南市博物館。

故里為章邱縣明水鎮。

《道光章邱縣志》卷十六〈李格非里居〉：「按《大明一統志》云，李格非濟南人；《山東通志》云，萊蕪人。閱〈明水鎮西廉處士碑〉李迥跋云：少從先伯父、先考、先叔，西郊縱步三里，得廉先生之居云云，觀之，確是明水鎮人。」

李迥〈廉先生序〉跋：「迥憶昔童時，從先伯父、先考、先叔西郊縱步三里，抵茂林修竹谿深水靜，得先生之居，謁拜先生。……先生既歿，先考評其爲人，先叔作序，以紀名實。……宣和

光風水明邱章里故照清李

癸卯正月人日，李迴謹題。」全文見《濟南金石志》及《道光章邱縣志》所載〈廉先生序〉之後。

按〈廉先生序〉碑，原立於宋宣和癸卯，「其石刻荐經喪亂，臥故居水湄……坼裂不可植」，廉氏後人廉銳、廉鐸奉母命，重立一石，又請劉敏中作〈石陰記〉，紀重立本末於其後（見劉敏中〈廉先生石陰記〉）。其石原在章邱縣明水鎮西三里的廉家坡村後，明嘉靖時移至村中關帝廟前。一九六六年文革動亂中被毀，殘石「繡江李格非文叔序」之文尚存（詳拙作〈廉先生序石刻考釋〉，《文物》一九八四年第四期）。明水之名，宋代已見載籍。王辟之《澠水燕談錄》卷四〈高逸〉：田徵君告，字象宜，「著《禹元經》三卷，將上之，不果。已而得水樹於濟南明水，將隱居焉。」田告，亦作田誥，見《宋史》卷四五七〈隱逸〉上，〈萬適傳〉後。明水，今爲章邱市治所在，其地饒水泉之美，有百脈、淨明諸泉。百脈泉，即《水經注》所說的百脈水，乃繡江水源之一。元于欽《齊乘》卷二〈百脈水〉：「《水經》，出土鼓故城西，《元和志》，出亭山縣東北，源方百步，百泉俱發，故曰百脈。」

清人有李清照故居在歷城西南柳絮泉上之說。其說出於德州人田雯。田氏《古懽堂集》有濟南分題詩十六首，其中一首題爲〈柳絮泉訪李易安故宅〉：「跳波濺客衣，演漾迴塘路。清照昔年人，門外垂楊樹。沙禽一隻飛，獨向前洲去。」俞正燮《易安居士事輯》：「居歷城城西南之柳絮泉上。」自注：「《古權堂集》有〈柳絮泉訪李易安故宅〉詩。據《齊乘》，柳絮泉在金線泉東。」查元于欽《齊乘》，明崇禎《歷乘》、《歷城縣志》，清康熙刻本《濟南府志》俱無此說。但此後地方志書、文人學者多承其說，認爲李清照爲歷城人，家在柳絮泉上，皆誤。

祖父有高名，出韓琦門下。

清照〈上樞密韓公〉詩序云：「有易安室者，父祖皆出韓公門下。」詩中云：「嘉祐與建中，爲政有臯夔。」又云：「嫠家父祖生齊魯，位下名高誰比數。」按韓公即韓肖胄，紹興三年以簽書樞密院事使金。其曾祖韓琦歷相三朝，仁宗嘉祐時即爲相，祖韓忠彥，徽宗建中靖國時爲相。清照父祖殆曾受其荐引。清照祖父名，失記。

父格非，熙寧九年進士，以文章受知於蘇軾，與廖正一、李禧、董榮號後四學士。

《太平治跡統類》卷二十八，格非熙寧九年登進士第。

《宋史．李格非傳》：「其幼時，俊警異甚。有司方以詩賦取士，格非獨用意經學，著《禮記說》至數十萬言，遂登進士第。調冀州司戶參軍，試學官，爲鄆州教授。郡守以其貧，欲使兼他官，謝不可。入補太學錄，再轉博士，以文章受知于蘇軾。嘗著《洛陽名園記》，謂洛陽之盛衰，天下治亂之候也。其後洛陽陷于金，人以爲知言。紹聖立局，編元祐章奏，以爲檢討，不就，戾執政意，通判廣信軍。有道士說人禍福或中，出必乘車，氓俗信惑，格非遇之塗，以左右取道士來，窮治其奸，杖而出諸境。召爲校書郎，遷著作佐郎、禮部員外郎，提點京東刑獄，以黨籍罷。卒，年六十一。格非苦心工于詞章，陵轢直前，無難易可否，筆力不少滯。嘗言：文不可苟作，誠不著焉，則不能工。且晉人能文者多矣，至劉伯倫〈酒德頌〉、陶淵明〈歸去來辭〉，字字如肺肝出，遂高步晉人之上，其誠著也。」

劉克莊《後村先生大全集》卷一七九〈詩話續集〉，謂文叔「文高雅條暢有義味，在晁、秦之上，詩稍不逮。」又謂其「文勢與淇水相頡頏。」淇水，指李清臣，清臣字邦直，韓琦兄婿，官至門下侍郎，有《李淇水集》。歐陽修壯其文，以比蘇軾。韓淲《澗泉日記》卷上，以格非與廖正一等三人爲後四學士，以繼黃庭堅、秦觀、晁補之、張耒四學士。卷下：「鞏豐仲至言，尹少稷稱，李格非之文，自太史公後，一人而已。」尹氏名穡，兗州人。高宗時與陸游同爲樞密編修官。《宋史》卷三七二有傳。

格非著作頗豐，傳世僅《洛陽名園記》一卷。

《宋史·藝文志》載，格非有《禮記精義》十六卷、《史傳辨志》五卷、《洛陽名園記》一卷、《永洛城記》一卷。又，《遂初堂書目》及《後村先生大全集·詩話續集》載《李格非集》四十五卷，《澗泉日記》卷上載有《濟北集》，張邦基《墨莊漫錄》載有《歷下水記》。各書皆佚，存者僅有《洛陽名園記》一卷。王應麟《玉海》謂，《禮記精義》於理宗寶慶二年上於朝。南宋衛湜《禮記集説》一書，收有格非《禮記精義》之説。衛氏云：「李文叔《禮記精義》，就〈曲禮〉、〈檀弓〉、〈王制〉、〈喪服小記〉、〈大傳〉、〈少儀〉、〈學記〉、〈樂記〉、〈雜記〉、〈喪大記〉、〈祭法〉十一篇中，隨所見爲之義。」衛氏之書，見清人《通志堂經解》。

格非現存遺文、斷篇及篇目可知有：〈廉先生序〉（見前）、〈書戰國策後〉（南宋紹興丙寅姚宏《重校戰國策·敘錄》）、〈元祐六年十月哲宗幸太學君臣唱和詩碑〉（《楓窗小牘》）、〈傅堯俞疏〉（畢沅《中州金石志》卷四）、〈破墨癖説〉（張邦基《墨莊漫錄》）、〈雜書〉二篇（《墨莊漫錄》、《冷齋夜話》）、〈李格非論文章〉（彭乘《墨客揮犀》）、〈祭李清臣文〉（《後村先生大全集·詩話續集》）。

詩存世者，完篇有三首：〈哲宗幸太學唱和詩〉（明李濂《汴京遺跡志》卷二十三），〈過臨淄〉、〈試院〉及斷句〈挽魯直〉（俱見《後村先生大全集．詩話續集》）。

格非有二兄，一字和叔。

〈廉先生序〉：「格非之兄和叔。」李迥跋：「昔童時，從先伯父、先考、先叔西郊縱步三里……先生既歿，先考評其爲人，先叔作序。……」

母王氏，亦善文。

《宋史．李格非傳》：「妻王氏，拱辰孫女，亦善文。」拱辰，字君貺，開封咸平人。年十九，舉進士第一，歷官仁宗、英宗、神宗三朝。卒，謚懿恪。《宋史》有傳。但莊綽《雞肋編》卷中，卻說格非爲漢國公王準孫婿，與《宋史》所記不同。黃盛璋《趙明誠李清照夫婦年譜》：「《宋史．李格非傳》多本王偁《東都事略》，王偁爲明誠之友，而莊綽亦與清照同時，兩說不同，未詳孰是。」王學初《李清照事跡編年》謂，「王偁《東都事略》卷一一六〈李格非傳〉並無一字述及其妻王氏，是《宋史》所云王拱辰孫女，必另有所本。」又謂「王偁之父王賞，崇寧二年進士，卒于紹興十九年，後於明誠之卒約二十年。疑王偁之父王賞或爲明誠之友。」按明誠友人王偁，非《東都事略》作者，其父王恩，亦非王賞。《金石錄》卷十四〈漢東都侯相蔣君碑〉跋，有「余故人王偁定觀」之語。《揮麈餘錄》卷二：「王偁定觀者，元符殿帥恩之子，有才學，好與元祐故家游。范元實《潛溪詩眼》，亦稱其能詩。政和末爲殿中監，年二十八矣。……一日忽宣召入禁中，上云：朕近得一異人，能製丹砂，服之可以長生久視。……卿爲試之。定觀忻躍拜命，即取服之。才下咽，覺胸悶煩燥之甚，俄頃，煙從口中出，急扶出，已不救。」〈王恩傳〉見《宋史》卷三五〇。

弟迒，高宗初任敕局删定官。

李清照〈金石錄後序〉（以下稱〈後序〉）：「有弟迒，任敕局删定官。」《宋會要輯稿》刑法一之三五，紹興元年五月二十八日，以〈紹興重修敕令格式〉成書，「詔詳定官權工部侍郎韓肖胄落權字；同詳定大理卿王衣權刑部侍郎，見在所並已離所删定官……宣義郎李迒……各轉一官。」

丈夫趙明誠，字德父，密州諸城人，趙挺之子。

《宋史》卷三五一〈趙挺之傳〉：「挺之字正夫，密州諸城人，進士上第。崇寧時官尚書右僕射，卒贈司徒，謚清憲。」

明誠兄弟三人，明誠最幼。

晁公休〈傅察行狀〉：「清憲公三子，皆有賢德。」（傅察《忠肅集》卷下）《宋宰輔編年錄》卷十一載，挺之三子：存誠、思誠、明誠。陳師道《後山居士文集》卷十四〈與魯直書〉：「正夫有幼子明誠。」

明誠姊妹四人。

長歸史氏，見《夷堅志》甲集卷十九〈晦日月光〉條。史氏生平未詳。

一歸營丘王師敏。汪藻《浮溪集》卷二十八〈王夫人墓誌銘〉：「夫人王氏，營丘人，父師敏，卒官太僕寺丞。母趙氏，丞相清憲公挺之之女。」

一妹適歷城李擢。字德升，元符三年中第，靖康末官給事中。建炎三年權兵部侍郎從衛太后在洪州。紹興二十三年，以寶文閣學士，提舉江州太平興國宮卒於台州。事跡散見《靖康要錄》、《三朝北盟會編》、《建炎以來繫年要錄》、《嘉定赤城志》諸書。

幼妹適傅察。晁公休〈傅察行狀〉：「公爲清憲趙公婿。」（《忠肅集》卷下）傅察子傅自得撰〈太夫人墓誌〉：「先太夫人趙氏，崇寧宰相清憲公挺之幼女，年十九，歸先待制君。」（林振禮〈趙明誠、李清照與傅自得關係小考〉，《泉州師專學報》一九八六年第二期）傳察，字公晦，濟源人。崇寧時第進士，宣和七年奉使接伴金國賀正旦使，爲金人劫持，不屈，死。贈徽猷閣待制，謚忠肅。《宋史》卷四四六有傳。

清照自少年時便有詩名，晁補之多對士大夫稱之。

朱弁《風月堂詩話》卷上：「善屬文，于詩尤工，晁無咎多對士大夫稱之。」王灼《碧雞漫志》卷二：「自少年即有詩名，才力華贍，逼近前輩。若本朝婦人，當推文采第一。」《說郛》第四十六卷引《瑞桂堂暇錄》：「才高學博，近代鮮倫。其詩詞行於世甚多。」朱彧《萍洲可談》別本卷中：「詩之典贍，無愧于古之作者。」

文章落紙，人爭傳之。

趙彥衛《雲麓漫鈔》卷十四：「有才思，文章落紙，人爭傳之。」《萍洲可談》卷中「本朝女婦之有文者，李易安爲首稱。」《宋史．李格非傳》：「女清照，詩文尤有稱于時。」

詞尤婉麗，被推為婉約派大家。

朱彧《萍洲可談》卷中：「詞尤婉麗，往往出人意表，近未見其比。」《碧雞漫志》卷二：

「作長短句，能曲折盡人意。輕巧尖新，姿態百出。」清王士禎《花草蒙拾》：「張南湖論詞派有二：一曰婉約，一曰豪放。僕謂：婉約以易安爲宗，豪放唯幼安稱首，皆吾濟南人，難乎爲繼矣。」

有〈詞論〉傳世。

胡仔《苕溪漁隱叢話》後集卷三十三載清照〈詞論〉，謂詞別是一家，應協音律，尚故實，反對辭語塵下。對晏殊、柳永、歐陽修、蘇軾、黃庭堅、秦觀等大家，多所譏彈。

明誠撰《金石錄》，亦筆削其間。

張端義《貴耳集》卷上：「易安居士李氏，趙明誠之妻，《金石錄》亦筆削其間。」

書畫亦工。

清照多才藝，書畫亦工。元代元淮〈讀李易安文〉：「綠肥紅瘦有新詞，畫扇文窗遺興時，象管鼠鬚書草帖，就中幾字勝羲之。」（《金囦集》）明人尚有見其遺跡者：①宋濂〈題李易安所書琵琶行後〉：「李易安圖而書之。」（《芝園續集》卷十）②陳繼儒《太平清話》卷一：「莫廷韓云：曾買易安墨竹一幅。」③《畫系》：「周文矩畫〈蘇若蘭話別會合圖卷〉，後有李易安小楷〈織錦回文〉詩，并則天〈璇璣圖記〉，書畫皆精，藏於陳湖陸氏。」（張丑《清河書畫舫》已集轉引）④《清河書畫舫》申集：「易安詞稿一紙，乃清秘閣故物也，筆勢清真可愛。此詞《漱玉詞》中亦載，所謂離別曲者耶（按即〈一剪梅詞〉）。」南宋周密《齊東野語》謂，黃子由尚書夫人胡氏，俊敏強記，善筆札，詩文亦可觀，「於琴弈、寫竹等藝尤精。自號惠齋居士，時人比之李易安云。」

精博弈，有《打馬圖經》傳世。

清照〈打馬圖序〉：「予性喜博，凡所謂博者皆耽之，晝夜每忘寢食。但平生隨多寡未嘗不進者何？精而已。」又謂：「采選、打馬，特爲閨房雅戲。嘗恨采選叢繁，勞于檢閱，故能通者少，難遇劬敵。打馬簡要，而苦無文采。按打馬世有二種：一種一將十馬者，謂之關西馬；一種無將二十馬者，謂之依經馬。……予獨愛依經馬，因取其賞罰互度，每事作數語，隨事附見，使兒輩圖之。不獨施之博徒，實足貽諸好事，使千萬世後，知命辭打馬，始自易安居士也。」

著作多已散佚，今存有後世重輯《李清照集》及《漱玉詞》數種。

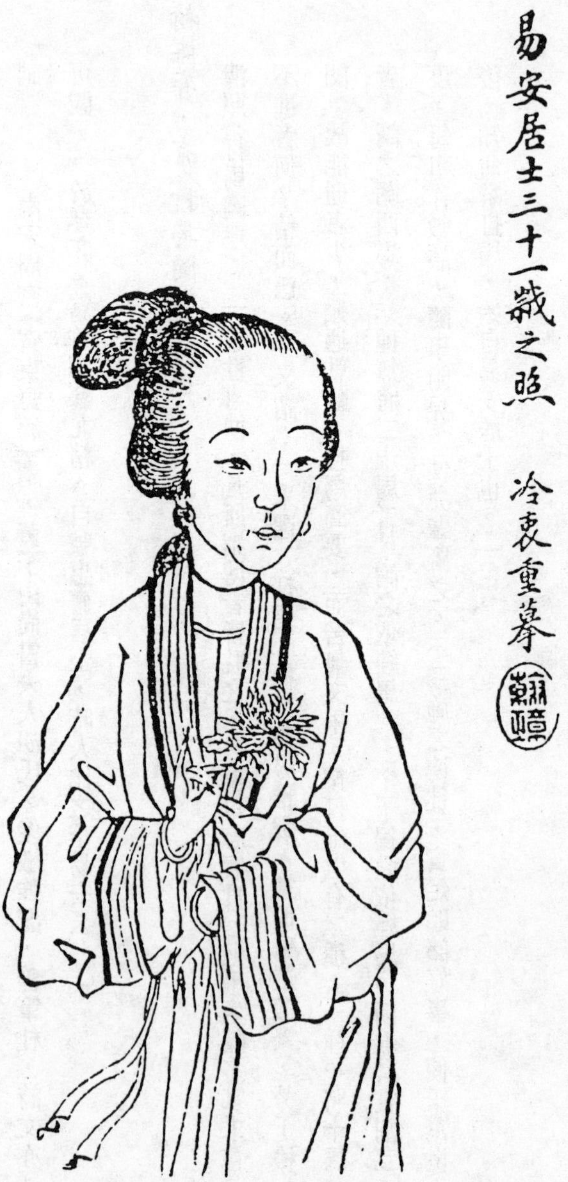
易安居士三十一歲之照
冷吏重摹

卷一 少年時代（元豐七年至元符三年）

宋神宗元豐七年（一〇八四，甲子）清照生。

▲格非官鄆州教授，清介自守。

《宋史．李格非傳》：「李格非，字文叔。……登進士第，調冀州司戶參軍，試學官，爲鄆州教授，郡守以其貧，欲使兼他官，謝不可。入補太學錄。」張琰《洛陽名園記》謂，「文叔元祐官太學」，則格非元豐末，應爲鄆州教授。鄆州，今山東省東平縣，時爲京東西路治所，宣和元年改爲東平府。

▲十二月戊辰，司馬光上《資治通鑑》。凡三百五十四卷，上起周威烈王二十三年，下終五代。《宋史．神宗紀》

▲是年王安石六十三歲，晏幾道五十四歲，蘇軾四十七歲，蘇轍四十五歲，黃庭堅三十九歲，秦觀三十五歲，賀鑄三十二歲，陳師道、晁補之均三十一歲，張耒三十歲，周邦彥

二十八歲。前此二十九年，晏殊卒；二十三年，宋祁卒；十二年，歐陽修卒；八年，張先卒；一年，曾鞏卒。

元豐八年（一〇八五，乙丑）二歲

▲三月戊戌，神宗死，太子煦即位，是爲哲宗。太皇太后（高氏）聽政。《宋史．神宗紀》

▲明誠父趙挺之通判德州。

《宋史．趙挺之傳》：「挺之進士上第，熙寧建學，選教授登棣二州，通判德州，哲宗即位，賜士卒緡錢，郡守貪耄，不時給，卒怒譟，持白挺突入府。守趨避，左右盡走。挺之坐堂上，呼問狀，立發庫錢，而治其爲首者，衆即定。魏境河屢決，議者欲遷宗城縣。轉運使檄挺之往視，挺之云：『縣據高原千歲矣，水未嘗犯。今所遷不如舊，必爲民害。』使者卒遷之，才二年，河果壞新城，漂民居略盡。」

▲五月戊申，黃庭堅在平原挺之官舍，觀古書帖甚富。

黃庭堅《豫章黃先生集》卷二十五〈題樂府木蘭詩後〉：「唐朔方節度使韋元甫得于民間，劉原父往時在秘書省錄得。元豐乙丑五月戊申，會食于趙正夫平原監郡西齋，觀古書帖甚富，愛此紙得澄心堂法。與者三人：石輔之、柳仲遠、庭堅。」卷二十八〈題絳本法帖〉：「元豐八年五月戊申，趙正夫出此書于平原官舍，會觀者三人：江南石庭簡、嘉興柳予文、豫章黃庭堅。」同卷〈題虞永興道場碑〉，時日地點與前二題同。又黃集有〈四月丁卯對雨寄趙正夫〉、〈寄懷趙正夫奉議〉二詩。黃䓣《山谷先生年譜》謂二詩亦作於山谷在德州時。

▲九月十三日，李格非爲已故里人撰〈廉先生序〉。據〈廉先生序〉刻石

〈廉先生序〉刻石殘文

〈廉先生序〉最後紀年紀地之文

宋哲宗元祐元年（一〇八六，丙寅）　三歲

▲格非官太學錄。

徐培均〈李格非其人其文及其對李清照的影響〉，認爲格非官太學錄，乃元豐八年事。該文說，「宋劉攽《彭城集》卷十九載有〈太學錄可太學正制〉，同時載有〈太學正葉濤可瀛州推官制〉。查《宋史．葉濤傳》，哲宗立，上章自理，得太學正。二人同時轉官，則格

非之爲太學錄，與葉濤之爲太學正，亦當爲同時，也就是當元豐八年哲宗繼位之時。」徐文見上海古籍出版社《李清照研究論文集》。按《宋史》卷一六五〈職官．國子監〉，太學正，錄各五人。格非與葉濤轉官制，雖同見《彭城集》卷十九，亦難以定爲同時，故不從其說。

▲六月壬寅，中書侍郎張璪舉趙挺之堪館職。詔：候過明堂，令學士院試。《續資治通鑑長編》（以下稱《長編》）卷三八〇

▲蘇軾謂，挺之學行無取，豈堪此選。

《宋史．趙挺之傳》：「初，挺之在德州，希意行市易法。黃庭堅監德安鎮，謂鎮小民貧，豈堪誅求。及召試，蘇軾曰：『挺之聚斂小人，學行無取，豈堪此選。』」按宋時重館職之選。北宋初，以昭文館、史館、集賢院爲三館，後增設秘閣，凡在三館及秘閣任職者爲館職。《文獻通考》卷五十四〈職官〉八引《容齋隨筆》：「國朝館閣之選，皆天下英俊，然必試而後命，一經此職，遂爲名流。」

▲十二月庚寅，朝奉郎趙挺之爲集賢校理。《長編》卷三九三

《宋史．趙挺之傳》作「秘閣校理」。按《宋史．哲宗紀》，紹聖二年四月戊辰，「易集賢院學士爲集賢修撰，直集賢院爲直秘閣，集賢校理爲秘閣校理。」傳誤。

▲是年二月，罷免役法，八月，罷青苗法。《續資治通鑑》（以下稱《續通鑑》）卷七十九、卷八十

▲四月，王安石卒。九月，司馬光卒。《宋史·哲宗紀》

元祐二年（一〇八七，丁卯）　四歲

▲格非官太學。

▲四月癸卯，朝奉郎、集賢校理、權制登聞鼓院趙挺之，權發遣河東路提點刑獄。《長編》卷三九九

▲六月戊申，趙挺之爲監察御史。《長編》卷四〇一

▲十二月丙午，趙挺之奏劾蘇軾。

《長編》卷四〇七，監察御史趙挺之奏：「蘇軾專務引納輕薄虛誕，……前日十科，乃荐王鞏。其舉自代，乃荐黃庭堅。二人輕薄無行，少有其比。王鞏雖已斥逐補外，庭堅罪惡尤大，尚列史局。按軾學術，本出《戰國策》縱橫揣摩之說，近日學士院策試廖正一館職，乃以王莽、袁紹、董卓、曹操篡漢之事爲問。……使軾得志，將無所不爲矣。」

元祐三年（一〇八八，戊辰）　五歲

▲格非官太學。

▲二月己卯，趙挺之言，聞外議蘇軾主文，若見引用《新義》，決欲黜落，請禮部貢院將舉人引用新經及注疏文理，通行考校，詔送貢院照會。《長編》卷四〇八

按《新義》指王安石《三經新義》。《長編》四〇八是年正月乙丑，翰林學士蘇軾知貢舉，挺之言，貢舉用《三經新義》取士近二十年，聞蘇軾意在矯革，故有是言。《長編》注謂，趙言實爲誣妄。

▲二月癸巳，詔：殿試經義、詩賦，人并試策一道，從趙挺之請。《續通鑑》卷八十

▲十月己丑，蘇軾言爲趙挺之等論列本末。《長編》卷四一五載翰林學士兼侍讀蘇軾言受台諫諸人攻訐原委，并詳言爲趙挺之所論本末：「御史趙挺之在元豐末通判德州，而著作黃庭堅方監本州德安鎮。挺之希合提舉楊景棻意，欲於本鎮行市易法，而庭堅以謂鎮小民貧，不堪誅求，若行市易，必致星散。公文往來，士人傳笑。其後挺之以大臣荐，召試館職，臣實對眾言，挺之聚斂小人，學行無取，豈堪此選。又挺之妻父郭概爲西蜀提點刑獄時，本路提舉官韓玠，違法虐民，朝旨委概體量，而概附會隱庇。臣弟蘇轍爲諫官，劾奏其事，概行黜責。以此挺之疾臣尤出死力，二年之中四遭口語。發冊草麻，皆謂之誹謗；未出省榜，先言其失士；以至臣所荐士，例皆誣衊；所言利害，不許相度

……昔先帝召臣上殿，訪問古今，且敕臣今後遇事即言。其後臣屢論事，未蒙賜行，乃復作爲詩文，寓物托諷，庶幾流傳上達，感悟聖意。而李定、舒亶、何正臣三人，因此言臣誹謗，臣遂得罪，然猶有近似者，以諫諷爲誹謗也。今臣草麻制有云：『民亦勞止』，而趙挺之以爲誹謗先帝，則是白爲黑，以西爲東，殊無近似者。臣以此知挺之之險毒甚于李定、舒亶、何正臣。」蘇軾又言，「郭概人材凡猥，眾人共知，既以附會小人得罪，近復擢爲監司者，蓋畏挺之，欲以苟悅其意。」按蘇軾、黃庭堅與趙挺之政見不同，遂致對立，後乃交相攻訐，積怨日甚。

元祐四年（一〇八九，己巳）六歲

▲格非官太學正，命其室曰「有竹」，清照隨父母居京師。

晁補之〈有竹堂記〉：「濟南李文叔爲太學正，得屋於經衢之西，輸直于官而居之。治其南軒地，植竹砌旁，而名其室曰有竹，榜諸楝間，又爲之記于壁。率午歸自太學，則坐堂中，掃地置筆研，呻吟筆牘，爲文章數十篇。……吾聞昔王子猷好竹，嘗曰不可一日無此君。聞吳中士大夫有佳竹，欲觀之，徑出坐竹輿造竹下，諷嘯良久，主人欲留而不可。將出，主人閉之，因盡歡而返。今文叔居有竹，文叔姑（抄本《全芳備祖》作嫂），亦洒掃儲具，借不邀客，客將坐堂上不去，曰：竹固招我。……元祐四年五月二十八日，潁川晁補之無咎記。」（《雞肋集》卷三十）按補之此文，知文叔夫婦時皆在京師，清照年幼，當隨父母居。補之巨野人，元豐二年進士。元祐元年十二月由太學正爲秘書省正字，遷校書郎。元祐六年以秘閣校理通判揚州。其集中有〈與李文叔夜談〉詩：「中庭老柏霜雪里，北風烈烈偏激耳。誦詩夜半舌入喉，飲我尊中淥醽美。升堂辭翰愧非有，何異還家數其齒。文章萬古猶一魚，乙丙誰能辨腸尾。更慚頗似會嵇康，欲語常遭士瑤柅。廣陵八月未足言，曾使酲醲泖然起，安得譚如子枚子。」

▲五月，趙挺之坐不論蔡確，通判徐州。《宋史·趙挺之傳》

《續通鑑》卷八十一，元祐四年四月，以知漢陽軍吳處厚奏，前相謫安州蔡確作〈車蓋亭詩十章〉，二章譏訕尤甚，梁燾、王岩叟等遂交章論列，乞正確罪。梁氏密具確及王安石黨以進。王安石黨三十人，有蔡確、沈括、趙挺之等。確乃再貶英州別駕，新州安置。李常、盛陶、翟思、趙挺之、王彭年，坐不舉劾皆罷去。

▲明誠在徐州得〈隋善化寺碑〉及〈樂毅論〉石本。《金石錄》卷二十〈晉樂毅論〉：「石本舊藏高紳學士家。……元祐間，余侍親官徐州時，故郎官趙竦被旨開呂梁洪，挈此石隨行，已斷裂，用木爲匣貯之。竦尤珍惜，親舊有求墨本者，必手模以遺之。」卷二十一〈隋

善化寺碑〉：「余元祐間侍親官彭城（徐州），時爲兒童，得此碑，今三十餘年矣。」

按是年明誠九歲。

▲十一月十六日，傅察生。

晁公休〈傅察行狀〉：「公以元祐四年己巳十一月十六日生，是日伯祖獻簡公（傅堯俞）拜中書侍郎，因小字鳳郎。」（傅察《忠肅集》卷下）

元祐五年（一〇九〇，庚午）七歲

▲格非官太學。

▲趙挺之移知楚州。

《宋史·趙挺之傳》：「出通判徐州，俄知楚州。」按宋時楚州治山陽，今爲江蘇省淮安。

▲明誠得〈唐楚州修城記〉。

《金石錄》卷七，目錄第一三六九。是碑當得於楚州。

元祐六年（一〇九一，辛未）八歲

▲格非官太學博士。

《宋史．李格非傳》：「入補太學錄，再轉博士。」

▲格非爲傅堯俞撰〈乞置僧院看管先塋疏〉。畢沅《中州金石志》卷四〈傅堯俞疏〉：「李格非撰，黃本行書，元祐六年九月立，在河南濟源。疏爲乞置僧院看管先塋事。」

▲十月癸亥，趙挺之以左朝散郎，集賢校理爲國子司業。《長編》卷四六七

▲十月庚午，哲宗幸太學，格非、挺之皆在坐。《楓窗小牘》卷下

▲十二月，格非奉命撰文記哲宗幸太學君臣唱和本末。

《楓窗小牘》卷下，李格非〈元祐六年十月哲宗幸太學君臣唱和詩碑〉：「十月庚午，駕自景靈宮，移仗孔子祠……然後退幸太學，詔博士皆升堂，坐諸生兩廡下。乃命祭酒講《書》之〈無逸〉終篇，因而幸武成王廟而還。左丞相實從，于是率諸公賦詩以形容之，在位者皆屬和。十二月，詩至太學，祭酒、司業合其僚屬以謀之曰：『此太平希闊事也，太學何敢私有，必刻金石，以傳天下爲稱，且屬格非序其本末。』」《宋史．哲宗紀》，元祐六年十月，「庚午，朝獻景靈宮，還幸國子監，賜祭酒豐稷三品服。」《續通鑑》卷八十二，「朝獻景靈宮，還，幸國子監，詣至聖先師殿，行釋奠禮……太學祭酒豐稷講《書經．無逸》終篇。」二書所記與格非文合。黃盛璋《趙明誠李清照夫婦年譜》誤以哲宗

幸太學在是年七月。

▲年末，格非作館職。

朱弁《風月堂詩話》卷上：「格非，山東人，元祐間作館職。」周煇《清波雜志》卷八：「易安父文叔，元祐館職。」

格非元祐作館職，《宋史》本傳失載。查畢仲游《西台集》卷十，有〈與李文叔學士書〉兩通。第一通云：「去歲留京師雖未久，而值文叔入館，日奉清論，甚慰無窮。拜別忽已逾年，時思向來高誼，不須臾忘也。而書問不時通于左右，悚愧何言；即日大寒，伏惟供職伏暇，起居集福。某到河東之況，……種種不如傳聞，然亦逾分矣，良會未期，千萬保重，別躋清華，區區不宣。」按《宋史》卷二八一〈仲游傳〉，元祐初仲游爲軍器衛尉丞，召試學士院，蘇軾擢爲第一，加集賢校理，爲開封府推官，出提點河東刑獄。召拜職方司勳二員外郎，改秘閣校理知耀洲。書中有「某到河東之況」，可知此書必仲游官河東刑獄時所作。據《長編》卷四六四載，元祐六年八月癸巳，新差知提點河東刑獄陳次升，仍舊爲刑部員外郎。同書卷四八四，元祐八年六月甲子，提點河東刑獄畢仲游爲職方員外郎。則仲游官河東刑獄，乃元祐六年八月以後事。又〈畢仲游傳〉：「仲游提點河東刑獄，韓縝以故相在太原，按視如列郡。縝奴告有卒剽其衣于公府之側，縝怒，將置卒于理。仲游曰：奴衣服渺薄，而敢掠之于帥牙，非人情也。取以付獄治，卒得免。太原銅器名天下獨不市一物。懼人以爲矯也，且行，買二茶匕而去。縝曰：如公叔，可謂真清矣。」據《長編》卷四八六，元祐六年十一月，韓縝知太原府。可見仲游在河東，乃爲元祐六年八月以後至元祐八年六月間事。仲游與文叔書云「即日大寒」，乃年末所發，又謂「去歲留京師雖未久，值文叔入館」，又謂「拜別忽已逾年」，則乃仲游至河東第二年，即元祐七年冬末之時。書稱格非爲學士，謂去歲入館，表明格非入館實爲元祐六年。但據上文，格非是年十月仍官太學，十二月又受委托撰文記哲宗幸太學事，可知其入館乃在年末。故事，宋時入爲館職者，得稱爲學士。《夢溪筆談》卷一：「集賢院計開元故事，校書官許稱學士。今三館職事皆稱學士，用開元故事也。」程俱《麟臺故事》：「館閣官許稱學士，載于天聖令文。」

元祐七年（一〇九二，壬申）　九歲

▲清照隨父母居京師。

▲正月十四日，格非撰〈哲宗幸太學君臣唱和詩〉碑文成。

文末題「元祐七年正月十四日謹序」，見《楓窗小牘》卷下。

▲是歲，陳師道有詩寄格非。

任淵《後山詩注》附年譜：元祐七年壬申，是歲後山在穎州，有〈寄李學士〉詩。注：格非，字文叔。詩見《後山詩注》卷四。師道，字履常，一字無己，彭城人。元祐初，蘇軾等荐爲徐州教授。徽宗建中靖國，官秘書省正字，卒。工詩，學黃庭堅，爲江西詩派代表人物之一。《宋史》卷四四四有傳。師道與趙挺之、高昌庸、謝良弼，俱爲東平郭概婿。王明清《揮麈後錄》卷七：「元祐中，有郭概者，東平人，法家者流，遍歷諸路提點刑獄，善于擇婿。趙清憲、陳無己、高昌庸、謝良弼名位皆優，而謝獨不甚顯。其子乃任伯，後爲參知政事。《無己集》中首篇〈送外舅郭大夫〉詩是也。」

▲冬，畢仲游有寄格非書，見前譜。

▲呂大臨《考古圖》是歲成。

大臨字與叔，藍田人，呂大防弟。是書共十卷，外有釋文一卷，著錄當時宮廷及私家所有古代銅器玉器凡二百三十四器，皆摹圖形，款識，記其尺寸、重量、容量，並作考證。對其收藏處及出土地點可考者，也加說明。趙明誠《金石錄》卷十一蠆鼎、祖丁彝、毛伯敦、商雒鼎、周姜敦，卷十二宋君夫人鼎、散季敦等銘，均曾引《考古圖》之說，對呂書穿鑿處，有所批評。〈散季敦銘跋〉：「士大夫于考正前代遺事，其失常在好奇，故使學者難信。孔子曰：『君子於其所不知，蓋闕如也。』」

元祐八年（一〇九三，癸酉）十歲

▲正月甲申，蔡確死于貶所。《續通鑑》卷八十一

▲格非有詩輓之。

劉克莊《後村先生大全集．詩話續集》：「（文叔）有輓蔡相確詩云：『丙吉勳勞猶未報，衛公精爽僅能歸。』豈蔡嘗汲引之乎？」

▲五月丁丑，趙挺之出爲京東路轉運副使。《長編》卷四八八

晁補之《雞肋集》卷十五，有〈送趙正夫京東漕〉詩：「朝持使者節，騎出大明宮。霜拂蓬壺外，春生海岱東。清時憂國事，白首問民風。我亦何爲者，丹鉛點勘中。」按《宋史．晁補之傳》，是時補之官著作佐郎。

▲劉涇撰《成都刻石總目》。

趙希弁《郡齋讀書志》後志卷一：「《成都石刻總目》三帙，皇朝劉涇撰。元祐中，蔡京帥成都，以意授涇，纂府縣碑版幢柱，自東漢初平迄僞蜀廣政，凡二百六十八。」按《續通鑑》卷八十二，蔡京元祐七年四月知成都。姑繫此書於是年。劉書爲專記一地石刻之

作。前此田概有《京兆金石》六卷，已開其例，南宋陳思《寶刻叢編》屢引之。劉書、田書俱不傳。

紹聖元年（一〇九四，甲戌） 十一歲

▲四月丁卯，詔復元豐免役法。五月癸丑，編類元祐時羣臣章疏及更改事條。《續通鑑》卷八十三

▲格非得畢仲游書。

畢仲游《西臺集》卷十〈與文叔學士書〉第二通，有「役法復下」、「京師爲況如何」等語，末謂「眷愛郎娘佳勝也。」所云「役法復下」當指本年四月復免役法事，「郎娘佳勝」云云，當指清照及兄弟輩。

▲格非通判廣信軍。

《宋史．李格非傳》：「紹聖立局，編元祐章奏，以爲檢討，不就，戾執政意，通判廣信軍。」據《宋史．哲宗紀》時章淳爲相，編元祐章奏，即淳所請。廣信軍，屬河北西路，原爲河北遂城縣，真宗時改爲廣信軍，爲北宋北境地，見《宋史．地理志》。

▲趙挺之復爲國子司業。

《宋史·趙挺之傳》：「入爲國子司業，歷太常少卿。」據《續通鑑》卷八十三，紹聖元年四月甲辰，以國子司業翟思爲左司諫。卷八十四，是年十月丁亥，國子司業龔原奏請雕印王安石《字說》。《宋史》卷三五三〈龔原傳〉：紹聖初，召拜國子司業。挺之復爲國子司業，當爲是年四月以後事，不久即除太常少卿。

紹聖二年（一〇九五，乙亥）十二歲

▲格非召爲校書郎。

《宋史·李格非傳》：「通判廣信軍……召爲校書郎，著作佐郎，禮部員外郎。」劉克莊《後村先生大全集·詩話續集》：「（文叔）紹聖始爲禮部員外郎。」紹聖只四年，格非召爲校書郎，當在是年。

▲格非撰《洛陽名園記》。

《宋史·李格非傳》：「嘗著《洛陽名園記》，謂洛陽之盛衰，天下治亂之候也。其後洛陽陷于金，人以爲知言。」

《洛陽名園記》一卷，記洛陽達官貴人名園，自富鄭公（弼）以下凡十九處。其〈東園〉條云：「今潞公年九十，必時杖履游之。」潞公即文彥博，封潞國公，生於景德三年（一〇〇六），至紹聖二年爲九十歲。據《宋史》本傳，年九十二卒。此書當撰於紹聖二年，時格非已在東都。又黄盛璋《趙明誠李清照夫婦年譜》，誤以潞公爲富弼。據《宋史·富弼傳》，弼元豐六年即卒，亦未至紹聖時。

紹聖四年（一〇九七，丁丑）　十四歲

▲格非爲禮部員外郎。

劉克莊謂（文叔）紹聖始爲禮部員外郎。本年爲紹聖最後一年，格非是年必爲禮部員外郎無疑。

▲十月己酉，趙挺之由太常少卿權禮部侍郎。《長編》卷四九三

▲十一月癸亥，趙挺之爲吏部侍郎。《長編》卷四九三

▲趙明誠得陳無己書，告以得柳公權書碑。《金石錄》卷三十〈唐起居郎劉君碑〉：「劉氏世墓在彭城叢亭里，紹聖間故陳無己學士居彭城，以書抵余曰：近得柳公權所書劉君碑，文字摩滅，獨公權姓名三字涣。余因故得之。」同卷〈漢重修高祖廟碑〉：「余年十七八時，已喜收蓄前代石刻，故正字徐人陳無已爲余言，豐縣有此碑，托人訪求，後數年得之。」

按任淵《後山詩註》所附年譜，陳無己紹聖三年寓曹州，四年歸徐州。

元符元年（一〇九八，戊寅）十五歲

▲正月丙寅，咸陽民段義上所得玉璽，文曰：「受命於天，既壽永昌。」《續通鑑》卷八十五

▲明誠得玉璽文。

《金石錄》卷十三〈玉璽文〉：「右玉璽文，元符中咸陽所獲傳國璽也。初至京師，執政以示將作監李誠，李誠手自摹印之，凡三本，以其一見遺焉。」

▲五月辛亥，趙挺之試中書舍人。《長編》卷四九八

▲九月己酉，挺之又兼侍講。《長編》卷五〇二

元符二年（一〇九九，己卯）十六歲

▲夏，趙挺之書〈韓宗道墓誌〉。

畢沅《中州金石志》卷四云，〈韓宗道墓誌〉，元符二年七月立，曾肇撰，趙挺之正書，在許州。宗道，韓億之孫、韓綜之子。墓誌全文見王昶《金石萃編》卷一四二。今北京圖書館藏有此誌拓本。

趙挺之工書，《書史會要》稱其工筆札，書跡雜見〈鳳墅帖〉中，挺之書跡見是帖卷十二。

▲七月乙巳，趙挺之代蹇序辰，詳定編修國信條例。《長編》卷五一二

按《宋史．職官志》，北宋時有國信所，掌與契丹使介交聘之事。國信條例，即有關與契丹交聘事宜之有關文件規定。

▲閏九月六日，試給事中兼侍講趙挺之充賀北朝生辰使。

《宋會要輯稿》第九〇冊〈國信使〉下，載閏九月六日試給事中兼讀趙挺之言：「差充賀北朝生辰使，見欽詳定編修國信條例，有《北道刊誤志》及接見北使書狀儀式未能全備，欲乞就行詢訪沿路看詳修潤，從之。」

▲冬，趙挺之在遼。

《宋史．趙挺之傳》：「（挺之）除中書舍人、給事中，使遼，遼主嘗有疾，不親宴，使近臣即館享客，比歲，乃在客省，與諸國等，挺之始爭正其禮。」《老學庵筆記》卷七：「趙相挺之使虜，方盛寒，在殿上，虜主忽顧挺之耳，愕然，急呼小胡指示之，蓋閹也。俄持一小玉盒子至，盒中有藥，色正黃，塗挺之兩耳周匝而去，其熱如火。既出殿門，主客者揖賀曰：『大使耳若用藥遲，且坼裂缺落，甚則全耳皆墮而無血。』」

元符三年（一一〇〇，庚辰）十七歲

▲正月己卯，哲宗死，弟趙佶立，是爲徽宗。《宋史．哲宗紀》

▲趙挺之爲禮部侍郎。

《宋史．趙挺之傳》，徽宗立，爲禮部侍郎。

▲六月，格非在樊口送張耒。

《張右史集》卷八八〈自盧山過富池隔江遙禱甘公祠求便風〉詩附記云：「元符庚辰，耒同男秬率潘仲達同游匡山。六月望日，齊安罷官，步登客舟，過樊口，李文叔棹小舸相送，遂下巴河，上靈岩寺。……因與潘、李飮酒賦詩其中。」據王仲聞《李清照事跡作品雜考》附記云此李文叔殆李文擧之訛，「張合《史集》中屢見李文擧之名，文擧曾自武昌至齊安過張耒，見《文史》一九六三年第二輯。」

張耒，字文潛，號柯山，楚州淮陰人。元祐時爲館職八年，擢起居舍人，紹聖初知潤州，坐黨籍謫監黃州酒稅。徽宗立，復起，歷知兗州及穎、汝二州。崇寧初，復以黨籍罷。《宋史》卷四四四有傳。張耒與格非交厚，其文集中有〈答李文叔爲兄立謚書〉、〈同無咎、文叔、遐叔同遊凝祥池〉詩。格非卒，誌其墓，已失傳。《張右史集》有〈讀中興頌碑〉詩，清照嘗和之。二詩均甚傳誦。

張詩云：「玉環妖血無人掃，漁陽馬厭長安草。潼關戰骨高于山，萬里君王蜀中老。金戈鐵馬從西來，郭公凜凜英雄才，舉旗爲風偃爲雨，洒掃九廟無塵埃。元功高名誰與紀，風雅不繼騷人死。水部胸中星斗文，太師筆下蛟龍字。天遣二子傳將來，高山十丈磨蒼崖。誰持此碑入我室，使我一見昏眸開。百年廢興增嘆慨，當今數子今安在。君不見荒涼浯水棄不收，時有遊人打碑賣。」

清照和詩二首，題作〈中興頌碑詩和張文潛〉。《清波雜志》卷八云：「浯溪〈中興頌碑〉，自唐至今，題咏實繁，零陵近雖刊行，止薈萃已入石者，曾未暇廣搜而博訪也。趙明誠待制妻易安李夫人，嘗和張文潛長篇二，以婦人而廁眾作，非深有思致者能之乎？」清照詩云：「五十年功如電掃，華清宮柳咸陽草。五坊供奉鬥雞兒，酒肉堆中不知老。胡兵忽自天上來，逆胡亦是奸雄才。勤政樓前走胡馬，珠翠踏盡香塵埃。何爲出戰輒披靡，傳置荔枝多馬死。堯功舜德本如天，安用區區紀文字。著碑銘德真陋哉，迺令神鬼磨山崖。子儀光弼不自猜，天心悔禍人心開。夏商有鑒當深戒，簡策汗青今具在。君不見當時張說最多機，雖生已被姚崇賣。」「君不見驚人廢興傳天寶，中興碑上今生草。不知負國有奸雄，但說成功尊國老。誰令妃子天上來，虢秦韓國皆天才。花桑羯鼓玉方響，春風不敢生塵埃。姓名誰復知安史，健兒猛將安眠死。去天尺五抱甕峯，峯頭鑿出開元字。時移勢去真可哀，奸人心醜深如崖。西蜀萬里尚能反，南內一閉何時開。可憐孝德如天大，反使將軍稱好在。嗚呼，奴輩乃不能道輔國用事張後尊，乃能念春薺長安作斤賣。」

按浯溪〈大唐中興頌碑〉在湖南祁陽，元結撰文，顏真卿書，大曆六年刻石。趙明誠《金石錄》卷八，目錄第一四五五至一四五七，即此碑，但無跋語。北京圖書館藏謝世箕舊藏《金石錄》抄本，第一册封內有王士禎朱書題記二行：「元次山浯溪〈中興頌〉碑銘，皆載目錄而無跋，豈《集古錄》已詳之不復云邪？阮亭丁丑臘月朔。」按明誠無跋，或因清照有詩和文濟。張詩及和詩均不知作於何年。黃盛璋以爲和詩作於元符三年前後，見所著《趙明誠李清照夫婦年譜》，不知何據。

卷二

東都初婚（建中靖國至崇寧五年）

宋徽宗建中靖國元年（一一〇一，辛巳）十八歲

▲正月九日，趙挺之奏，陳暘《樂書》貫穿明備，乞援其兄進《禮書》故事給札。

《宋史》卷四三二〈陳暘傳〉：「徽宗初，進《迓衡集》，以勸導紹述，得太學博士，秘書省正字。禮部侍郎趙挺之言，暘所著《樂書》二十卷，貫穿明備，乞援其兄祥道進《禮書》故事給札。」按是書實爲二百卷，前有牒，牒謂建中靖國元年正月初九日，禮部侍郎兼侍讀趙挺之奏，云云。《四庫總目提要》謂，是書引據浩博，亦極精審，北宋樂書唯《皇祐新樂圖記》及此書存耳。

▲挺之拜御史中丞。

《宋史．趙挺之傳》：「拜御史中丞，爲欽聖后陵儀仗使。」《皇朝編年備要》卷二六謂，建中元年正月，挺之爲御史中丞。

▲畢仲游有書寄挺之。

畢仲游《西臺集》卷十，有〈與趙正夫〉書十通．第三通云：「伏自今上即位，首重言路之選，以正事事，執法之臣，則尤爲重焉。自豐相之中丞作尚書後，有識之士計中外貴臣必爲執法者，皆在正夫年兄，不在他人。比除日下，果然。此豈天子以公議用人，而公議固能量天子聖意之所在乎？然而辨正是非，而判正邪，摧剛直枉，皆正夫年兄平昔之所積蓄而已。」

按仲游可能與挺之同爲熙寧三年葉祖洽榜進士。元祐同被荐召試學士院，爲集賢校理。仲游與蘇軾，司馬光皆善。有上蘇軾書，稱其知畏於口，未畏於文，深戒其以文字得禍。又有與司馬光書，稱其欲廢新法，而左右皆安石之徒，懼其及禍。可見仲游在元祐黨中的傾向。其與挺之此書，似有微意存焉。

▲清照在京師歸明誠。

〈後序〉：「余建中辛巳，始歸趙氏。」

▲明誠二十一，在太學作學生。

〈後序〉：「侯年二十一，在太學作學生。」

▲格非官禮部員外郎。

〈後序〉：「時先君作禮部員外郎。」

晁補之〈禮部移竹次韻李員外文叔〉詩：「東南之美者，見伐以直幹。豈如此君疎，猶作此郎玩。此郎乃在此，無乃材亦散。平生吉甫誦，意鄙枚叔亂。坐狂得此冷，對竹頭幘岸。尚思殺青書，充守白虎觀。恐此愧子猶，還成停楹嘆。」注：文叔有志史事。《宋史，晁補之傳》：「徽宗立，復以著作召。既至，拜吏部員外郎、禮部郎中。黨論起，出知河中府。」據《續資治通鑑長編拾補》卷十九，崇寧元年正月癸未溫益言，補之知河中府不當。注：補之建中靖國元年八月知河中。則是年八月前，補之與格非同官禮部。

▲挺之爲吏部侍郎。

〈後序〉：「丞相作吏部侍郎。」《宋史．趙挺之傳》失載，據黃盛璋考證，挺之爲吏部侍郎，乃是年六月至十一月間事，十一月接替溫益爲吏部尚書。並由此推定，清照婚事亦爲此一段時間內事。（《李清照事跡考辨》，一九六二年中華書局本《李清照集》）

▲明誠每朔望謁告出，即市碑文果實與清照展玩咀嚼，自謂葛天氏之民。

〈後序〉：「趙李族寒，素貧儉，每朔望謁告出，質衣取半千錢，步入相國寺，市碑文果實歸，相對展玩咀嚼，自謂葛天氏之民。」

相國寺，東京名勝。孟元老《東京夢華錄》卷四，「相國寺每月五次開放，萬姓交易。

……庭中設綵幙露屋義鋪，賣蒲合簟席，屏幃洗漱，鞍轡弓劍，時果腊脯之類。……殿後資聖門前，皆書籍玩好圖畫。」

▲七月二十八日，蘇軾卒。王文誥《蘇詩編注集成·總案》

蘇軾於紹聖元年遭貶斥，先後居惠州、儋州（今海南省儋縣）。徽宗立，得內徙，卒於常州。清照父格非以文章受知於蘇軾但趙挺之與蘇軾因政見不同，以至水火不相容。明誠喜蘇、黃詩文，以此失好於父，陳師道〈與魯直書〉：「正夫有幼子明誠，頗好文義，遇蘇、黃詩，雖半簡數字必錄，以此失好于父，幾于小邢矣。」小邢，邢恕子居實，十九歲卒。蘇軾、格非俱賞其才華。《金石錄》卷十三「〈秦瑯玡台刻石〉：熙寧中，蘇翰林守密，令廬江文勛，模搨刻石，即此碑也。」蘇翰林即蘇軾，熙寧時知密州，〈瑯玡台刻石〉今存北京中國歷史博物館。

▲十二月二十九日，陳師道卒。魏衍《彭城陳先生集記》

《朱子語類》卷一三〇：「陳無己、趙挺之、邢和叔（恕），皆郭大夫婿。陳爲館職，當侍郊丘，非重裘不能禦寒氣，無己只有其一，其內子爲於挺之家假以衣之。無己詰所從來，內子以實告。無己曰：『汝豈不知我不著渠家衣邪？卻之。既而遂以凍病而死。』」是年師道有〈和李文叔退朝〉詩，任淵《後山詩註》以爲建中靖國時作。

崇寧元年（一一〇二，壬午）　十九歲

▲春，李清臣卒，格非爲文祭之。

《後村先生大全集》卷一七九《詩話續集》：「文叔祭其（淇水）文云：『惟先生自詩以來，載籍所記，歷代治亂，九流百氏，凡一過目，確不忘墜。其發爲文章，則泛而汪洋，密而精緻，脩然高爽，歛然沈毅。驟肆而隱，忽紛而治。絕馳者無遺影，恬淡者有餘味。如金玉之就雕章，湖海之失涯涘。雲煙之變化，春物之穠麗，見之者不能定名，學之者不能彷彿。』筆勢略與淇水相頡頏（下缺）」

《宋史．李清臣傳》：「李清臣，字邦直，七歲知讀書，日數千言，暫經目輒誦。應材識兼茂科，歐陽修壯其文，以比蘇軾。以詞藻受知神宗，建大理寺，築都城，皆命作記，簡重宏放，文體各成一家。徽宗立，爲門下侍郎。尋爲曾布所陷，出知大名府而卒。」

《續通鑑》卷八十一，清臣知大名府，爲建中靖國十月。《續資治通鑑長編紀事本末》卷一二〇，是年十二月乙卯，蔡卞知大名府。卷一二一，崇寧元年五月乙丑，故資政殿大學士李清臣奪職。清臣之卒，當不遲於本年春。清臣有《淇水集》，故人稱淇水。

▲五月乙亥，籍記元祐黨人蘇轍等五十七人，不得與在京差遣。

《續資治通鑑長編拾補》卷十七，建中靖國元年七月，徽宗言，元祐中詆毀先帝故事人，多不詳姓名，可悉錄來。卷十九，崇寧元年五月乙丑，臣僚言，奸黨姓名具，請按輕重情節處置。乙亥詔令三省籍記蘇轍等五十七人，不得與在京差遣，黃庭堅、張耒、晁補之、畢仲游等，皆在其列。

▲京東路提點刑獄李格非罷。

《宋史．李格非傳》：「提點京東路刑獄，以黨籍罷。」按格非入黨籍乃七月間事。

▲五月庚辰，趙挺之自試吏部尚書兼侍讀、修國史、編修國朝會要，遷中大夫，除尚書右丞。《宋宰輔編年錄》卷十一

▲七月戊子，以蔡京爲尚書右僕射。乙丑，焚元祐法。《宋史．徽宗記》

▲七月乙酉，籍記元祐黨人姓名十七人，格非名在第五。

《皇宋通鑑長編紀事本末》卷一二一，記是年七月乙酉，籍記元祐黨人姓名不得與在京差遣者十七人，格非名列第五。《九朝編年備要》崇寧元年七月下，「詔知和州曾肇罷，右丞陸佃、知海州王覿、知常州豐稷、知和州王左、宮觀李格非、知濮州謝文瓘、永州安置鄒浩八人，並依五月乙亥籍記。」可知前此格非已罷，予宮觀，至是始入黨籍。

▲九月己亥，詔籍元祐、元符黨人，御書刻石端禮門，格非在餘官之列。

《宋史．徽宗紀》，崇寧元年九月己亥，籍元祐及元符末宰相文彥博等，侍從蘇軾等，餘官秦觀等，內臣張士良等，武臣王獻可等，凡百有二十人，御書刻石端禮門。據《皇宋通鑑長編紀事本末》卷一二一所載人名，入黨籍者爲一百一十七人，格非名列餘官第二十六。

▲清照上詩趙挺之救父。

張琰《洛陽名園記．序》：「文叔在元祐官太學，建中靖國用邪黨，竄爲黨人。女適趙相挺之子，亦能詩，上詩趙相救其父云：『何況人間父子情？』識者哀之。」

▲明誠得〈漢從事武梁碑〉。

《金石錄》卷十四〈漢從事武梁碑〉：「碑在濟之任城，余崇寧初嘗得此碑。」

按〈武梁碑〉，即著名的漢武氏石祠的一塊碑石，該石祠稱武梁祠，在今山東省嘉祥縣武宅山村西北。宋以後傾圮，長期埋於地下，乾隆時掘出。據現代學者考證，武氏祠包括武梁祠、前石室和左室等三座祠堂。石祠內精美畫像近百幅，有很高的藝術價值。

崇寧二年（一一〇三，癸未）　二十歲

▲正月丁未，以蔡京爲尚書左僕射兼門下侍郎。〈宋史．徽宗紀〉

▲三月辛卯，黃庭堅除名勒停，送宜州編管。

《續資治通鑑長編拾補》卷二十一，三月辛卯，「朝奉郎、管勾玉隆觀黃庭堅，除名勒停，送宜州編管。以湖北轉運判官陳舉奏，黃庭堅撰〈荊南承天院碑〉，語言涉謗也。」注引《編年備要》碑文大略云：「儒者嘗論一佛寺之費，蓋中民萬家產也，實生民谷帛之蠹，雖余亦謂之然。然自余省事以來，以觀天下財力屈竭之端，國家無大事軍旅勤民丁賦之政，則旱蝗水盜或疾疫連數十州，此豈生民之共業盈虧有數，非大力所能勝者邪？然天下之善人少，而不善者多，王者之刑賞以治其外，佛者之禍福以治其內，則於世教豈小補哉？」又《名臣言行續錄》云，「承天寺僧爲先生乞塔記，文成書碑，碑尾但書作記者黃某，立石者馬某。陳舉前請曰：某願托名不朽，可乎？先生不答，舉以此憾之。舉知先生昔在河北與挺之有怨，挺之執政，遂以墨本上之，謂幸災謗國，除名勒停，編管宜州。」

宋范公偁《過庭錄》：「黃魯直少輕物，與趙挺之同校一舉子文卷，使蟒蛇（有脫文），挺之欲黜之，諸公盡然，魯直獨相持。挺之誠其言，問曰：公主此文，不識三字出何家？魯直良久曰：出梁武懺。趙以其侮己，大銜之。後挺之作相，魯直責鄂州，召還流人，挺之令有司舉魯直作〈承天院碑〉云：方今善人少，而不善人多，疑爲謗訕朝廷。善人，蓋謂奉佛者，復責宜州。」又《揮麈錄》卷四：「趙正夫丞相，元祐中與黃太史魯直俱在館閣，魯直以其魯人，意常輕之。每庖吏來問食次，正夫必曰：來日吃蒸餅。一日聚會行令，魯直云，欲五字從首至尾各一字，復合成一字。正夫沈吟久之，曰：禾女委鬼魏。魯直應聲曰：來日敇正整，叶正夫之音，闔座皆大笑。」按庭堅、挺之積怨，由來久矣，其原因蓋有多端。

▲四月，詔毀刊行《唐鑑》并三蘇、黃、秦等文集。以趙挺之爲中書侍郎。《宋史．徽宗紀》

▲九月辛丑，令天下監司長吏廳，各立元祐奸黨碑。《宋史．徽宗紀》

▲是歲明誠出仕，有盡天下古文奇字之志。〈後序〉：「……。後二年，出仕宦，便有飯蔬衣練，窮遐方絕域，盡天下古文奇字之志，日就月將，漸益堆集。丞相居政府，親舊或在館閣，多有亡詩逸史，魯壁汲塚未見之書，遂力傳寫，浸覺有味。」

崇寧三年（一一〇四，甲申）二十一歲

明誠官京師，見名人字畫、奇器，輒脫衣市易。

〈後序〉：「後或見古今名人書畫，一代奇器，亦復脫衣市易。嘗記熙寧間，有人持徐熙〈牡丹圖〉，求錢二十萬。當時雖貴家子弟，求二十萬錢，豈易得邪？留信宿，計無所得

而還之。夫婦相向悵惋者數日。」

▲五月庚辰，趙挺之轉三官。《宋史·徽宗紀》

▲六月戊午，重定元祐、元符黨人及上書邪等者，合爲一籍，通三百九人，刻石朝堂。《續通鑑》卷八十九，載有黨人三百零九人姓名，餘官一百七十六人，格非列第二十六名。徽宗書石，碑置文德殿門東壁。

▲六月壬戌，蔡京進所書黨人姓名，詔頒之州縣，令皆刻石。《續通鑑》卷八十九

按〈宋元祐黨籍碑〉，今存兩石，一在廣西桂林龍隱岩，後有慶元四年饒祖堯跋，乃後世重刻。一在廣西融縣，宋嘉定四年沈暐刻，字略小。

▲九月乙亥，趙挺之除門下侍郎。《宋史·徽宗紀》

崇寧四年（一一〇五，乙酉）　二十二歲

▲三月甲辰，以趙挺之爲尚書右僕射兼中書侍郎。《宋史·徽宗紀》

▲挺之力陳蔡京奸惡，且請去位以避之。六月戊子罷，留京師。

《續資治通鑑長編紀事本末》卷一三一引〈趙挺之行狀〉：「公既屢陳京紛更法度之非，言其奸惡不一，雅不欲與京同政府。引疾乞去，……累上章至八九，詔弗許。崇寧四年三

月，拜右銀青光祿大夫、守尚書右僕射兼中書侍郎。公奏：臣備位東台，以疾不任職，力求罷免，安可輒尸宰事。力辭。居數月，懇請補外，除觀文殿大學士，光祿大夫、中太乙宮使。」

▲賜第京師府司巷。

《宋宰輔編年錄》卷十一引〈趙挺之行狀〉：「四年六月，挺之乞罷相，詔既許之，詔曰：願俟重來，以熙庶政。聞卿未有第，已令就賜。」

《夷堅志》甲集卷十九晦日月光條：「趙清憲賜第在京師府司巷。長女適史氏。以署月不寐，啟戶納涼，見月滿中庭如畫，方嘆曰：大好月色，俄庭下漸暗，月痕稍稍縮小，斯須光滅，仰視星斗燦然，而是夕乃晦日，不曉爲何物光也。」

▲十月乙丑，趙明誠除鴻臚少卿。

《宋宰輔編年錄》卷十一：「十月乙丑朔，挺之既罷相，帝以挺之子存誠爲衛尉卿，思誠爲秘書少監，明誠爲鴻臚少卿。挺之辭不敢當，乞收還成命。詔答不允。」

▲九月三十日，黃庭堅卒，年六十二。黃𠷈《山谷年譜》

▲格非有詩輓之。

《後村先生大全集》卷一七九〈詩話續集〉：（文叔）輓魯直五言八句，首云：「魯直今已矣，平生作小詩」，下六句亦無褒詞。

按庭堅爲宋代江西詩派領袖。格非嘗譏江西詩派「腐熟竊襲」。元劉壎《隱居通議》卷六〈評本之詩〉：「予嘗于故篋斷簡中見有評詩者曰：李文叔云，出乎江西則未免狂怪傲僻，而無檃括之妙；入乎江西則又腐熟竊襲，而乏警拔之意。今本之之詩，以警拔之意，而寓檃括之妙，已見其能去二者之病矣。」

▲清照以爲庭堅知詞，但多疵病。

〈詞論〉：「后晏叔原、賀方回、秦少游、黃魯直出，始能知之。……黃即尚故實，而多疵病，譬如良玉有瑕，價自減半矣。」

▲明誠喜庭堅詩文，《金石錄》嘗錄庭堅〈秦沮楚文〉訓釋之文。

《金石錄》卷十三〈秦沮楚文〉：「秦以前遺跡見于今者絕少，此文皆出于近世，而刻畫完好，文詞字札奇古可喜。元祐間張芸叟侍郎，黃魯直學士，皆以今文訓釋之，然小有異同。今盡錄二家所釋于左方，俾覽者詳焉。」卷二十八〈唐麻姑仙壇記〉：「又有一本，字絕小，世亦以爲魯公書，驗其筆殊不類。故正字陳無己謂余：『嘗見魯直，言乃慶曆中一學佛者所書，魯直猶能道其姓名，無已不能記也。』小字本今錄於後，使覽者詳其真僞焉。」

崇寧五年（一一〇六，丙戌）　二十三歲

▲正月戊戌，慧出西方。乙巳，以星變，詔求直言，毀元祐黨人碑。丁未，太白晝見，大赦天下，除一切黨人之禁。《宋史·徽宗紀》

▲正月庚戌，敘復元祐黨人。《續資治通鑑拾補》卷二十六，輕第一等黃庭堅以下并呂希哲、晁補之、李格非等，「并令吏部與監廟差遣」。

▲二月丙寅，蔡京罷，以趙挺之爲特進、尚書右僕射兼中書侍郎。《趙挺之行狀》：「京既惡公留京師，伺察己所爲，公亦懼京中傷，明年春數乞歸青州私第，詔從之。既辦裝，將入辭矣，會慧星見西方，其長數丈，竟天，尾犯參之左足，上震恐，避殿損膳。既深察京之奸罔，由是旬日之間，凡京之所爲者，一切罷之。毀朝堂元祐黨籍碑，大晟府、明堂諸置局，議科舉、茶鹽、錢鈔等法，詔吏部、戶部議改。遣中使賚御筆手賜公曰：『可于某日來。』公既對，上曰：『蔡京所爲，皆如卿言。』公因奏：『京援引私黨，布列朝廷，又建四輔，非國家之利。祖宗以來，屯重兵于京師，沿汴河雍丘、襄邑、陳留三縣，沿蔡河咸平、尉氏兩縣，皆列營屯，取其漕運之便。至神宗，即其所分隸諸將而教習之，士卒皆精銳，若有所用，虎符朝出而夕至。今創置四

輔，不唯營壘有修建之勞，且不通水運，將何以給其糧餉？』上曰：『行且罷矣。』又奏：『今諸營之兵，等尺高者，所請衣餉，但依舊例。又更番屯戍西邊，使冒鋒鏑，戰鬥死亡者不可勝數。今京立法，召募四輔新軍，減等尺，增例物，添月給錢糧，且免出戍。小人之情，唯利是從，若見新軍如此，則陛下所養舊軍皆不爲朝廷用矣。』又言：『神考建立都省，規模宏壯，一旦京因妄人宋安國獻言，以爲不利宰相而毀之，深可痛惜。』上皆以爲是。且曰：『天久旱，今京且求去而雨，可喜。』既罷京，免相，遂拜公特進、尚書右僕射兼中書侍郎。』」（《續資治通鑑長編紀事本末》卷一三一轉引

▲二月十五日，明誠跋歐陽修《集古錄·跋尾》手跡。

故宮博物院藏《歐陽修集古錄跋尾四墨跡》有明誠題跋四則。第一則云：「右歐陽文忠公《集古錄·跋尾》四，崇寧五年仲春重裝，十五日德父題記，時在鴻臚直舍。」

孫承澤《歐陽文忠公集古錄跋尾墨跡》：「文忠《集古錄》千卷，皆手題之，古今鉅觀也。公精于書學，所題一筆一畫毫無懈意，即此亦見公一斑。公沒世未久，錄已散漫。此四跋尾，一爲〈西岳華山廟碑〉，一爲〈漢揚君碑〉，一爲〈平泉山居草木記〉，一爲〈陸文學傳〉，崇寧中在趙明誠德父家，後有其手題。德父亦有《金石錄》二千卷，博雅君子也。文忠公文章事業，炳燁千古，其手書又精工如是，真希世珍。後跋者有米元章、韓元

吉、朱晦翁、尤袤、洪邁、方從義、胡儼、李賢諸公，亦他卷所未有也。」（《庚子銷夏記》）

韓元吉及朱晦翁跋，均載於《朱文公文集》卷八十二。韓元吉跋云：「歐陽文忠公集古所錄蓋千卷也。頃嘗見其曾孫當世家，尚二百本。但跋尾及一二名公題字，其石刻謂亂離之后逸之爾。今觀此四紙自德父來，則在崇寧間已散落也。以校文集，所載多訛舛脫略，而〈揚君碑〉集中則無。唯中字作仲字，建武之元年作孝武，恐卻乃筆誤也。然德父平生自編《金石錄》二千卷，又倍於文忠公，今復安在？公所謂君子之垂不朽，不托於事物而傳者，真知言哉！三復嘆息。淳熙九年重五日穎川韓元吉書。」

按歐陽公《集古錄．跋尾》墨跡及德父等跋，商務印書館曾影印一百本，今亦罕見。

趙明誠《金石錄》之作，實受歐陽文忠之影響。明誠《金石錄．序》謂：「余自少小，喜從當世士大夫訪問前代金石刻辭，以廣異聞。後得歐陽文忠公《集古錄》，讀而賢之，以爲是正僞謬，有助于後學甚大。惜其尚有漏落，又無歲月先後之次，思欲廣而成書，以傳學者。于是益訪求藏蓄，凡二十年而後粗備。……因次其先後爲二千卷。」《金石錄》對歐書之誤，多所訂正，特別是著錄唐代石刻一千六百多種，對新舊《唐書》中的錯誤之處，訂正尤多。清人李慈銘謂，「趙氏援碑刻以正史傳，考據精審，遠出歐陽文忠《集古錄》之上，於唐代事，尤多訂正新舊唐兩書之失。當時新書方行，而德夫屢斥其謬誤，悉心釐正，務得其平，於舊書亦無所偏徇，真善讀書者也。」（《越縵堂讀書記》卷九藝術一）

▲二月二十六日，明誠長兄存誠爲集賢殿修撰，提舉醴泉觀。

《宋會要輯稿》選舉之三十三，「以其（父）挺之拜相有請故也。」

▲八月旦，米芾跋明誠所藏《集古錄·跋尾》手跡。

米氏跋云：「芾多識前輩，唯不識公。臨紙想見風采，丙戌八月旦謹題。」又明誠所藏〈蔡襄進謝御賜書詩卷〉亦有米氏一跋，謂於舊翰林院曾觀石刻，今四十年，於大丞相天水公府，始睹真跡。大丞相天水公指趙挺之，天水乃趙氏郡望。趙明誠〈泰山題名〉，亦題「天水趙明誠」。（詳拙作〈趙明誠題名和鄉居青州考〉，《文物》一九八四年第六期）是年挺之爲相，米氏此跋似亦作於此時。

卷三

青州鄉居（大觀元年至宣和三年）

宋徽宗大觀元年（一一〇七，丁亥）二十四歲

▲正月甲午，復以蔡京爲尚書左僕射兼門下侍郎。《宋史·徽宗紀》

▲春，明誠得《漢任伯嗣碑陰》。

《金石錄》卷十五：「大觀初，獲此碑，置于氾水輦運司廨舍壁間。余聞其陰有字，因托人諷邑官破壁出之，遂得此本。」黃盛璋《李清照事跡考辨》，以爲此事當在大觀元年三月趙挺之罷相以前。

▲三月丁酉，趙挺之罷右僕射，授特進、觀文殿大學士、佑神觀使。後五日，卒，贈司徒，謚清憲。《宋宰輔編年錄》卷十二

《續資治通鑑長編拾補》卷二十七引《編年備要》云，「上意復向蔡京，故挺之罷，後五月卒。」所載卒時不同。

▲七月，趙挺之追所贈司徒，落觀文殿大學士。

《宋宰輔編年錄》卷十二：「始挺之自密州徙居青州。會蔡京之黨，有爲京東監司者，廉挺之私事，其從子爲御史，承旨意言挺之交結富人。挺之卒之三日，京遂下其章，命京東路都轉運使王旉等，置獄于青州鞫治。俾開封府捕親戚使臣之在京師，送制獄窮究，皆無實事。抑令供析，但坐在政府日有俸餘錢，止有剩利，至微。具獄進呈。兩省台諫交章論列，挺之身爲元祐大臣所荐，故力庇元祐奸黨，蓋指挺之嘗爲故相劉摯所援引也。遂追贈官，落職。」按劉摯元祐六年二月爲右僕射兼中書侍郎，是年十月，爲御史中丞鄭雍等所論，雍言：「摯善牢籠士人，不問善惡，雖贓汚久廢之人，亦以甘言誘致。」因具摯黨姓名，凡三十人，其中有趙挺之。見《續通鑑》卷八十二。

挺之生當北宋末黨爭激烈之時，論者對其生平爲人評價頗不一致。《宋名臣言行錄》載任伯雨言，「挺之始因章惇進，既諂事蔡、蔡卞，及卞黜責，又諂事曾布，出入門下，故士論號移鄉福建子。」茲再錄南宋樓鑰、朱熹之説各一則，以備參閱。

樓氏《攻媿集》卷七十〈跋故趙清憲公軼事〉：「右丞相趙清憲公遺事，其孫誼錄以示鑰，遂獲窺先正之風烈。嗚呼，建中靖國初，徽皇鋭意于治，親擢公爲御史中丞，裕陵人物之舊，收用無餘。黨論雖興，猶有如公者，屹立于諸公中，讒謗競起，而主意不移，維持國是，尚有賴焉。使左右皆薛居州，事寧至此耶？讀遺編爲之感涕。」

朱熹〈題趙清獻（憲）事實後〉：「國家自熙、豐、元祐以來，人才政事分爲兩塗，是此者非彼，向左者背右。既不可得而同矣，而於其同中又有異焉，則若元祐之朔黨、洛黨、川黨，而熙、豐之曾文肅、趙清獻（憲）、張丞相，又與章、京自不同也。熹少時，嘗從趙公惠州使君游，得觀趙公手記所與蔡京異論本末，蓋嘗三復而嘆公之不幸。今復從惠州之子某得此而讀之，則又深惟其故，而重嘆國家之大不幸也。夫以趙公自言，下不肯結怨于百姓，則必不肯肆行煩苛爭奪之橫政；中不欲結怨于士大夫，則必不肯唱爲禁錮忠賢之邪說；外不欲失信于夷狄，則必不肯妄起開拓燕薊之狂謀；而考其生平，質厚清越有過人者，則又知其必不肯如蔡京之淫侈導諛，以蠱上心，而納之有過之地也。是則日同出于熙、豐，而其邪正得失之間，豈可同年而語哉？且《春秋》明王法而不廢五伯之功，元城劉忠定公傷政宣之亂，而日莫日宗神考。然則後之君子之於此，豈不猶有取焉。嗚呼，其亦可悲也哉！其亦可悲也哉！紹熙甲寅元日癸亥，鴻慶外史朱熹書。」（《朱文公文集》卷八十三）

▲秋，明誠、清照屏居青州鄉里。

按中國封建時代官吏，父母喪，例須離職回鄉守制，故明誠，清照相偕回青州，當不遲於是年秋。

▲是歲書畫家米芾卒於淮陽軍。吳榮光《歷代名人年譜》

米氏精於書畫鑑定，明誠考辨書跡，嘗商於米氏。《金石錄》卷二十二〈隋周羅睺墓誌〉：「無書人姓名，而歐陽率更在大業中所書〈姚辯墓誌〉、〈元長壽碑〉，與此碑字體正同，蓋率更書也。往時書學博士米芾善書，尤精于鑒裁，亦以余言爲是。」

大觀二年（一一〇八，戊子）二十五歲

▲清照居青州，命其室曰歸來堂，自號易安居士。

〈後序〉：「後屏居鄉里十年……每飯罷，坐歸來堂烹茶，指堆積書史，言某事在某書某

青州古城一角

卷第幾頁第幾行，以中否角勝負，爲飲茶先後。中即舉茶大笑，至茶傾覆懷中，反不得飲而起，甘老是鄉矣。故雖處憂患困窮而志不屈。」

按歸來堂，取義於陶淵明〈歸去來兮辭〉。其時晁補之與清照父同以黨籍罷，因自號歸來子，在故鄉修歸去來園，園中的堂、亭、軒皆以〈歸去來兮辭〉中詞語爲名。見晁氏〈歸來子名緡城所居記〉。明誠、清照命其室曰：歸來堂，其心情蓋與補之相似。又〈歸去來兮辭〉，有「倚南窗以寄傲，審容膝之易安」之句，清照自號易安居士，亦當始於此時。

▲明誠兄弟家居，博學講古，琴書自娛。

《傅忠肅集》卷下晁公休〈宋故朝散郎尚書吏部員外郎贈徽猷閣待制傅公行狀〉：「清憲公三子皆有賢德，以母夫人高年，家居不仕，講學博古，琴書自娛。」

▲三月八日，李格非與齊州守梁彥深遊佛慧山。

《濟南金石志》卷二〈歷城石〉：「大觀二年三月八日，左（朝）散大夫知州事梁彥（深）純之來，與會者六人：朝請大夫新差知濮州武安國文禮、朝奉大夫新差知金州張朴（聖□）（據乾隆《歷城縣志》金石志補），朝請郎李格非文叔，朝議郎向沈伯武、節度掌書記李機文淵，錄事參軍宋昭叔朗（乾隆《歷城縣志》作叔明）。」題名中，梁彥下脫一深字。

王安中《初寮集》卷八〈南陽伯梁公神道碑〉云，梁彥深，字純之，鄆州須城人。歷官沂州、單州、邠州，皆有治績，遂擢知徐州、齊州，所至有惠政。政和六年卒。按格非因黨籍罷後，其動向史書不載。據題名知是年格非已家居齊州、佛慧山爲濟南市郊名勝，位於千佛山東。山間有隋開皇時摩崖造像及唐開元寺舊址。山半有宋景祐二年（一〇三五）所造大佛頭，高七點八米。格非等題名，五十年代尚存，濟南市博物館藏有彼時拓本，「李格非文叔」五字，僅存「李格」二字。

▲格非作《歷下水記》。

張邦基《墨莊漫錄》：「濟南爲郡在歷山之陰，水泉清冷，凡三十餘所，如舜泉、瀑流、金線、真珠、洗缽、孝感、玉環之類，皆奇。李格非文叔，昔爲《歷下水記》，敘述甚詳，文體有法。曾子固詩，以瀑流爲趵突，未知孰是。」

《歷下水記》今已不傳。王士禎《分甘餘話》：「文叔《水記》，宋人稱之不一，而不得與《洛陽名園記》并傳，可恨也。」《水記》之作當在是年或其前後。

▲九月重陽，明誠與妹婿李擢遊仰天山。

明誠〈青州仰天山羅漢洞題名〉：「余以大觀戊子之重陽，與李擢德升，同登茲山。己丑端午，又與家兄導甫及德升、于□元□，謝克明如晦同來。今歲仲秋，復來游，預會三人：王蔚文□、李綠神□、傅察公晦。政和辛卯中秋，趙明誠德父題。」題名最早見阮元《山左金石志》著錄，誤爲沂山題名。八行，正書，《山左金石志》所載題名之文，因字跡漫漶，闕文甚多。此據一九八〇年新獲拓本。

李擢，字德升，歷城人，明誠妹婿，已見前本譜卷首。晁公休《傅察行狀》：「友婿李擢少負英才，時爲青州司錄。」是年，李擢當已官於青州。

仰天山，在今山東省青州市西南境，風景佳勝，舊屬臨朐縣。明《臨朐縣志》：「仰天山在縣南七十里。……山麓有洞，深可五七丈許，上有竅通天云。秋月中天之夜，洞中光景頗奇。故士人有仰天秋月之說。」明《青州府志》：「仰天山之阿有寺，名仰天寺。……有羅漢洞，洞隙通處，可以望天。……山之陰有水簾洞，深可數丈，泉源深遠，潛通佛刹前水井。」明誠大觀戊子題名，即在羅漢洞附近崖壁上。

大觀三年（一一〇九，己丑）　二十六歲

▲五月端午，明誠與其兄導甫及李擢、謝克明等，再遊仰天山。見上年譜趙明誠〈仰天山題名〉。

導甫，乃明誠二兄思誠字。謝克明，上蔡人，謝克家之弟，乃明誠姨弟。明誠舊藏〈蔡

襄謝御賜書詩卷〉謝克家跋云：「姨弟趙德夫，昔年屢以相示。」《嘉定赤城志》卷三十四，謝克家，弟克明，官至主管刑工部架閣文字，贈朝奉大夫。謝克明曾分類編次陳師道所遺之《韓愈集》。南宋韓崧卿《韓集舉正．敘錄》載謝克家一跋云：「余弟克明，以從母之夫陳公無己所次第既以類從，又略因歲月先後之，於繙讀爲便。既成，以遺克家，凡十册。建炎元年二月二十八日，天台郡齋記。」

▲九月十三日，明誠、李擢、李曜遊長清縣靈巖寺。

〈宋嘉祐六年齊州長清縣靈巖寺重修千佛殿記碑〉側，刻有趙明誠題名一則，記明誠三至靈巖寺事：「東武趙明誠德甫，東魯李擢德升、曜時升，以大觀三年九月十三日同來，凡宿兩日乃歸。後四年，德父復自歷下□□奉高，過此□，政和三年閏月六日。丙申三月四日復過此，德父記。」李曜，當爲李擢之弟，生平未詳。

靈巖寺在今濟南市長清縣東南，爲唐宋時代名刹。唐人李吉甫稱長清靈巖寺、金陵棲霞寺、江陵玉泉寺、天台國清寺爲「域中四絕」。寺內現存四十尊彩塑羅漢，多爲宋時原物。民國十一年七月，梁啟超來遊留題曰：「靈巖千佛殿宋羅漢造像，海內第一名塑。」〈千佛殿宋嘉祐重修碑〉已破碎。北京圖書館藏有拓本及碑側明誠題記。

▲明誠得〈唐李邕靈巖寺頌碑〉。

《金石錄》卷七目錄七：「第一千二百四唐〈靈巖寺頌〉，李邕撰并行書。天寶元年。」明誠得此碑當在斯行。碑斷裂已久，現仍在靈巖寺。

▲仲冬上休日，文及甫在青州觀明誠所藏〈蔡襄謝御賜書詩卷〉。

文及甫觀後跋云：「大觀三年仲冬上休日，青社郡舍之簡政堂觀，河南文及甫。」此跋亦見《珊瑚網法書題跋》卷三，《大觀錄》卷六，《式古堂書畫匯考》卷十，此據讀帖影印本。文及甫乃文彥博第六子，一名及，字周卿。事跡附見《宋史．文彥博傳》。

青社，即青州。《金石錄》卷二十二〈北齊隴東王感孝頌〉：「余自青社如京師，往還過之。」〈感孝頌〉在今長清縣孝堂山郭氏墓石祠之西壁外側，其地宋時為平陰地。山下大道，古時為由青州至開封必經之路。宋人每喜稱青州為青社。《文獻通考》卷二〇一〈經籍志〉二八，載有《青社賑濟錄》，云「丞相富文忠公弼青州救災施行文牘也」。青州確有簡政堂，黃裳崇寧元年知青州，其《演山先生集》卷一，有〈簡政堂〉詩。

按青州之名青社，由來已久，元人于欽《齊乘》：「青州古為齊地。……後置青州刺史，領郡國有九。……（漢）武帝封子閎為齊王策曰：『嗚呼小子閎，受茲青社。』蓋古者以太社五色土隨方封國，使立社，故齊有青社之稱。」

▲晁補之卒，年五十八。《名臣碑傳琬琰集》中卷三十四

大觀四年（一一一〇，庚寅）二十七歲

▲清照仍在青州。

▲昌樂丹水岸圯，明誠得觚爵各一。

《金石錄》卷十三〈爵銘〉：「大觀中濰之昌樂丹水岸圯，得此爵及一觚。案《考工記》：爵，一升，觚，二升。獻以爵而酬以觚，一獻而三酬，則三豆矣。而漢儒皆以爲爵一升，觚二升。今此二器出土，適容三爵，與《考工記》合。以此知古器不獨爲玩好，又可決經義之疑也。」

政和元年（一一一一，辛卯）二十八歲

▲二月晦，王壽卿跋明誠〈徐鉉小篆千字文真跡〉。

岳珂《寶真齋法書贊》卷九〈徐鉉小篆千字文真跡〉：「故藏待制趙明誠家。」上有米芾及王壽卿跋。米氏跋云：「徐常侍書學與郭忠恕同時，當代無出其右者。書學博士米芾。」王氏跋云：「徐騎省書次韵高古，爲近代之冠，然世多大字，而此特謹小，尤可珍貴。政和元年二月晦，王壽卿題。李平叔預觀焉。」

王壽卿，字魯翁，洛陽人，善篆書，明誠《古器物銘碑》，即壽卿所篆。翟耆年《籀史》卷上：「趙明誠《古器物銘碑》十五卷：商器三卷，周器十卷，秦漢器二卷，河間劉跂序，洛陽王壽卿篆。壽卿得二李筆意，字畫端勁未易及，明誠字德夫，大丞相挺之季子，讀書贍博，藏書萬卷，悉親是正，鉛塹未嘗去手。酷好字畫，過名跡，捐千金不少靳。蓄三代鼎彝甚富。建炎南渡，悉爲盜斂。所存者九牛之一毛，又無子以保其遺餘，每爲之嘆息也。」

壽卿書跡，清照故鄉章丘，亦有遺存。《濟南金石志》卷三〈章丘石〉，載〈宋政和三年穆氏先塋石表〉，末題洛陽王壽卿書。今其石已不存。〈王氏墓誌〉，後在洛陽出土，見羅振玉《芒洛冢墓遺文》卷六。

▲八月中秋，明誠與妹婿傅察等在仰天山賞月。

事見大觀二年譜趙明誠〈仰天山羅漢洞題名〉。仰天山羅漢洞中秋觀月，乃青州勝景，當地有仰天高掛秋月圓之說。傅察爲明誠妹婿，已見本譜卷首，是年當爲青州司法參軍。晁公休〈傅察行狀〉：「年十七，舉進士（《宋史》本傳作十八）。……公之未廷試也，京方賣弄威權脅制內外，且陽示含容，誘以附己，堅欲以女妻公。遣其子儵與術士趙知幾等數輩，踵至視公，又托其姻親強公相見，公毅然不肯從。有識者謂，公少年有器識，未易量也。其後公爲清憲趙公婿，京銜之。清憲公薨，其家陳乞添差青州司法參軍。前執政官徐處仁，余深繼守青州。徐長于治民，屢試以事，知其奉公不苟，心器重之。……知淄川縣丞……清憲公三子皆有賢德，以母夫人高年，家居不仕，講學博古，琴書自娛。友婿李擢，少負英才，時爲青州司錄，緣職事往來淄青間，相與琢磨，士論稱之。」

傅察《忠肅集》〈李良龍示牡丹長句謹賦〉詩，有云：「十年京洛供長日，萬朵東秦照暮春。」自注：「僕家近洛，嘗官青社，故云。」

▲九月，明誠、清照題名於雲巢石（？）。

清代諸城人王志修有詩三首，載四印齋本《漱玉詞》。第一首首二句云：「金石編排脫稿初，歸來堂上賦閑居。」自注：「歸來堂舊址，乾隆中同邑李氏改名易安園，今已荒廢矣。」第三首：「詞客爭傳《漱玉詞》，故鄉真恨我生遲。摩挲奇石題名在，應記花前寫照時。」第三句下自注：「石高五尺，玲瓏透豁，上有云巢二隸書，其下小摩崖刻：辛卯九月，德父，易安同記。現置㳘居仍園竹中。」

按明誠原籍諸城，但自其父挺之時已移家青州，見〈挺之行狀〉，故明誠、清照歸來堂自在青州，而不在諸城。所謂云巢石題名，亦不可信，王學初《李清照事跡編年》

謂，宋人題記，多署名，極少用字。清照自號易安居士，並非字易安。未有自號某某居士，而只稱某某，而略去居士二字者。清照何以題易安，殆後人以明誠乃密州諸城人，因而僞造此石題記，置於諸城。

政和二年（一一一二，壬辰）　二十九歲

▲七月十七日，趙存誠言取訪遺書事。

《宋會要輯稿》第五十五册崇儒四引《中興會要》云：「政和二年七月十七日，秘書少監趙存誠言：諸州取訪遺書，乞委監官總領，庶天下之書，悉歸秘府。從之。」按宋時最重文籍，屢下求訪遺書之詔，國家藏書之所爲三館（史館、昭文館、集賢院）、秘閣。

政和三年（一一一三，癸巳）　三十歲

▲閏四月六日，明誠自歷下赴奉高，再過靈巖寺。

宋嘉祐六年靈巖寺〈重修千佛殿碑〉側明誠題名：「後四年，德父復自歷下□□奉高過此，政和三年閏月六日。」大觀二年九月，明誠與李擢兄弟至靈巖，至是已四年。歷下，即歷城，因城南有歷山故名。歷山，今名千佛山。據《宋史·徽宗紀》，是年閏四月。

▲閏四月八日，明誠登泰山。

明誠〈泰山摩崖題名〉：「太原王貽公與（？）天水趙明誠德父，政和三年閏月八日同登。」題名在泰山頂唐玄宗〈紀泰山銘〉之右側。一九八〇年後，濟南市博物館周福森、何洪源據縣志所載訪得。

▲明誠在泰山得〈唐登封紀號文〉。

《金石錄》卷二十四〈唐登封紀號文〉：「凡二碑，皆高宗自撰并書。其一，大字摩崖刻於山頂；其一，字差少，立於山下，然後世頗罕傳。政和初，余親至泰山，得此二碑入錄焉。」

黃盛璋《趙明誠李清照夫婦年譜》、王學初《李清照事跡編年》，以此事爲政和元年時事，誤。

又《金石錄》卷五，著錄〈紀太山銘〉；卷六，著錄〈唐太山碑側題名記〉、〈唐封禪壇殘碑〉、〈唐造太山御碑〉等刻，皆在泰山，不知是否得於此行。

▲秋，明誠友人劉跂登泰山，獲〈秦泰山刻石〉完本。

《金石錄》卷十三：「大中祥符歲，真宗皇帝來封此山，兗州太守模本以獻，凡四十餘

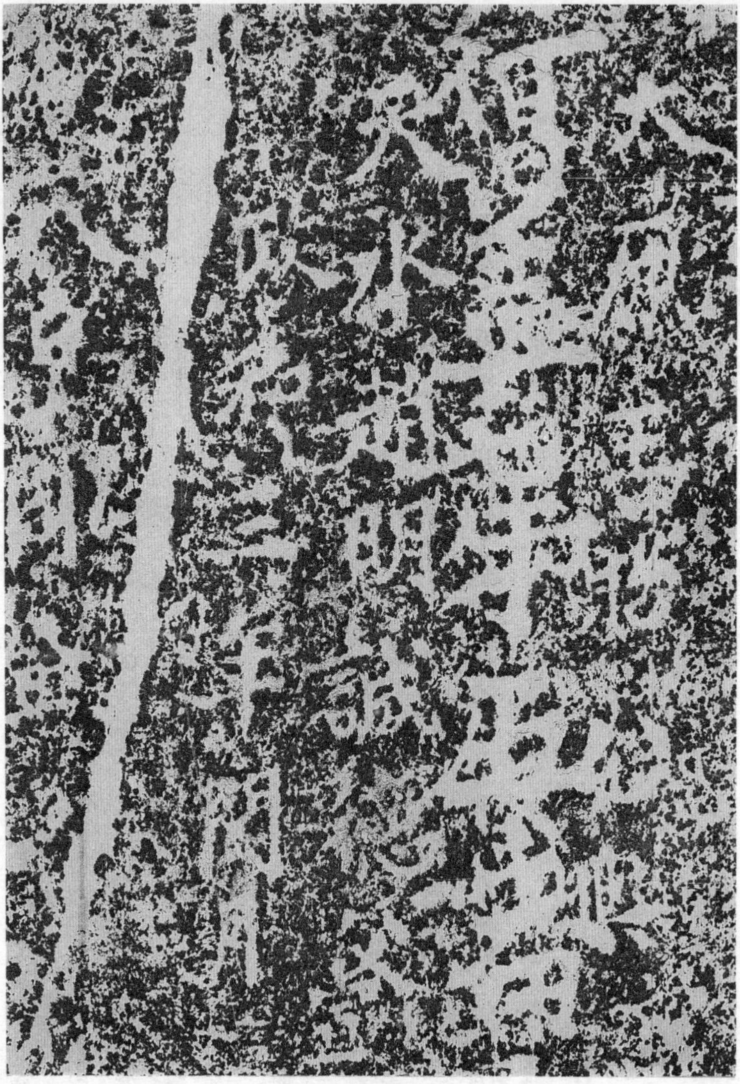

趙明誠泰山題名

字。其後，宋莒公模刻于石，歐陽文忠公載于《集古錄》者皆同。蓋碑石爲四面，其三面稍摩滅，故不傳。世所見特二世詔書數十字而已。大觀間，汶陽劉跂斯立，親至泰山絕頂，見碑四面有字，乃模以歸，文字雖殘缺，然首尾完具，不可識者無幾，于是秦篆完本復傳世間矣。」

按劉氏得〈秦泰山刻石〉完本，實政和三年秋日事，見劉氏〈泰山秦篆譜序〉：「《史記》載，秦始皇帝及二世，皆行幸郡縣，立石刻辭。今世傳泰山篆字可讀者，唯〈二世詔〉五十許字，而始皇刻辭，皆謂已亡，莫可復見。……余以大觀二年春，從二三鄉人，登泰山，宿絕頂，首訪秦篆，徘徊碑下。其石埋植土中，高不過四五尺，形制似方而非方，四面廣狹皆不等。……所謂五十許字者，在南面稍平處，人常所撫搨，故士大夫多得見之。其三面，尤殘缺蔽闇，人不措意。余審觀之，隱隱若有字痕。……政和三年秋，復宿岳上，親以毡椎從事，校之他本，始爲完善。蓋四面周圍，悉有刻字，總二十二行，行十二字。……其十二行，秦始皇辭，其十行，是二世辭。以《史記》證之，文意皆具，其缺處字數適同。于是泰山之篆，遂成完篇。」（《學易集》卷六）

明誠得〈漢張平子殘碑〉。

《金石錄》卷十四，政和中，劉斯立以〈漢張平子殘碑〉見寄。確切年月不可知，姑置於是年。

冬，劉跂爲李延年誣陷，編管壽春。

劉跂，字斯立，原籍東光，自其父劉摯時家於東平，東平在汶水之陽，故明誠稱之爲汶陽劉斯立。劉摯，字莘老，官至右僕射，紹聖時以黨籍罷，死於貶所。劉跂，元豐二年進士，歷官州學教授，知彭澤、蘄水，有政聲。以父陷黨籍，落拓以終。有《學易集》。其被誣事，見王明清《揮麈後錄》卷八。

明誠得王壽卿寄楚公鐘墨本。

《金石錄》卷十三，政和三年，此鐘獲於鄂州嘉魚縣，字畫奇怪。友人王壽卿魯翁得其墨本見遺。此器收入明誠《古器物銘》，見薛尚功《歷代鐘鼎彝器款識》卷六。

▲是年詞人晁端禮卒。李昭玘《樂靜集》卷二十八

▲端禮字次膺。清照謂其詞破碎不足名家。〈詞論〉：「又有張子野、宋子京、沈唐、元絳、晁次膺輩繼出，雖時時有妙語，而破碎何足名家。」

端禮，巨野人。政和三年，以承事郎爲大晟府協律郎，未上，卒。（王學初《李清照集校註》卷三〈詞論〉注，謂晁氏宣和間充協律郎，誤。）有詞集《閑齋琴趣外編》六卷。《詞

苑叢談》卷七〈紀事二·晁次膺詞〉：「政和癸巳，大晟樂成，蔡元長以晁次膺荐于帝，詔乘驛赴闕。次膺至都下，會禁中嘉蓮生，異苞合跌，夐出天造，次膺效樂府體屬詞以進，名並蒂芙蓉。其詞云：大液波澄，向鏡中照影，芙蓉并蒂。千柄綠荷深，並丹臉爭媚。天心眷臨聖日殿宇，分明敞嘉瑞。弄香嗅蕊。願君王、壽與南山齊比。池邊屢回翠輦，擁羣仙醉賞，憑欄凝思。萼綠攬飛瓊，共波上遊戲。西風又看露下，更結雙雙蓮子。鬥妝競美，問鴛鴦，向誰留意。上覽之稱善，除大晟樂協律郎。」

蔡絛《鐵圍山叢談》卷二：「又有晁次膺者，先在韓師朴丞相中秋坐上作〈聽琵琶詞〉，為世所重。又有一曲曰：深院鎖春風，悄無人桃李自笑，亦歌之，遂入大晟，亦為制撰。時燕樂初成，八音告備，因作徵招，角招，有曲名〈黃河清〉、〈壽香明〉，二者音調極韶美。次膺作一詞曰：晴景初升風細細，雲疏天淡如洗。檻外鳳凰雙闕，匆匆佳氣。朝罷香煙滿袖，近臣報，天顏有喜。夜來連得封章，奏大河徹底清泚。君王壽與天齊，馨香動上穹，頻降嘉瑞。大晟奏功，六樂初調角徵。合殿春風乍轉，萬花覆，千官盡醉。內家別敕，重開宴，未央宮裡。時天下無問邇遐小大，雖偉男髫女，皆爭氣唱之。」

政和四年（一一一四，甲午）　三十一歲

▲新秋，明誠題〈易安居士三十一歲之照〉。

明誠題云：「清麗其詞，端莊其品，歸去來兮，真堪偕隱。政和甲午新秋，德父題于歸來堂。」

況周頤《惠風詞話》卷二：「易安居士三十一歲照，立軸，藏諸城某氏。諸城，古東武，明誠鄉里也。余與半塘各得撫本。易安手幽蘭一枝，半塘所藏改畫菊花，右方政和甲午德父題辭（略），左方吳寬、李澄中各題七絕一首。」半塘，即王鵬運，其四印齋刻《漱玉詞》，前有〈易安居士三十一歲之照〉，後半頁爲明誠題。王氏云：「王竹吾舍人以摹本見贈，屬劉君炳堂重撫是幀。」劉氏摹本，即手持菊花。王竹吾，即王志修，見政和元年譜。吳寬、李澄中所題，附見四印齋本《漱玉詞》。吳詩云：「金石姻緣翰墨芬，文簫夫婦盡能文。西風庭院秋似水，人比黃花瘦幾分。」李詩云：「小窗簾捲早涼初，幸傍詞人舊里居。吟到黃花人瘦句，買絲爭繡女相如。」吳詩不見其《匏翁家藏集》。李澄中，清代諸城人，康熙十八年試博學鴻詞，授檢討，有《白雲村集》、《臥象山房集》。諸人所言諸城某氏所有易安三十一歲之照，原本已不可見。中華書局本《李清照集》前有此照，「易安居士三十一歲之照」爲隸書，其左爲明誠題，但無吳、李詩，可見亦非所謂諸城某氏原本。小照衣著，宋人仕女畫未有如此裝束，頗類清人焦秉貞、冷枚一派風格，當出此派畫家之手。所傳此照，因有明誠題，頗有人相信，但據中華書局本此照看，則頗爲可疑。又傳世有〈濟南李清照茶蘼春去圖照〉，上有元肖像畫家王繹所題：「易安小像，宋歐陽小更所作，藏華不注山之木樨庵，有耶律文正五題，歲久黯黑，中書行省鐵大鴻臚，風雅宗匠，命王繹重摹二本，因繫以詩（詩略）。」末題「至正四年八月二十五日王繹」云云。王繹，字恩善，自號痴絕生，寓居杭州，生卒未詳。陶宗儀《南村輟耕錄》卷十一〈寫像訣〉載，王氏至正乙酉（五年）間十二、三歲。傳世有與倪瓚合作的《楊竹西小像》。至正四年，王氏僅十一、二歲，此像顯出僞托。今見有清金禮嬴摹本，上有王氏此題及詩。此像流傳亦頗廣，中國歷史博物館、濟南市博物館均藏有摹本。一九八四年中華書局出版的《李清照資料彙編》，書前即

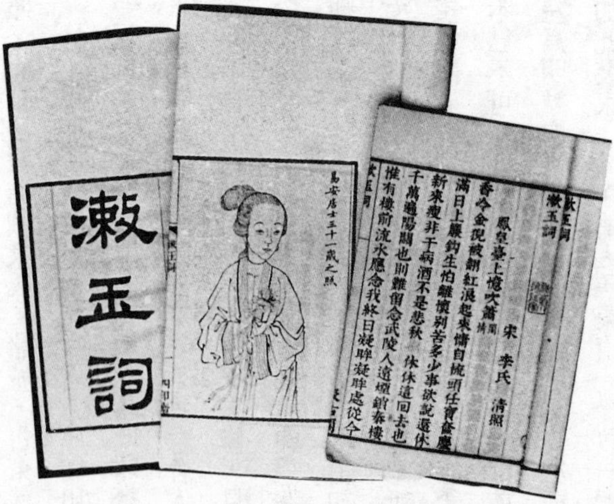

四印齋本《漱玉詞》

有此像。

▲是年，張耒卒。余嘉錫《疑年錄稽疑》

政和五年（一一一五，乙未）　三十二歲

▲明誠得《漢司空殘碑》。

《金石錄》卷十九云，「政和乙未歲，得于洛陽橋之故基」。按文意，政和乙未爲殘碑出土之年，墨本得於何時不可知，姑置於是。

▲下邳縣民得《漢祝長嚴訢碑》。

《金石錄》卷十四謂，政和中，下邳縣民耕地得此碑。

▲在青州屢獲金石刻辭，明誠所得益豐。

《金石錄》卷十三《戟銘》，云器得于益都，傍枝爲鉤形，蓋古之鉤戟也。董逌《廣川書跋》卷三《臨淄戟銘》，謂得於臨淄故城，趙氏售之，有鉤。岑仲勉謂趙即明誠，二者爲一器。見岑氏《金石論叢·四庫提要古器物銘非金石錄辨》。按宋時益都、臨淄爲兩縣，如董氏所記不誤，則爲二器。明誠所得古刻，尚有《東魏張烈碑》，碑在青州界（《金石錄》卷二十一）；《東魏賈思同碑》，墓在壽光（《金石錄》卷二十一）；《北齊臨淮王像碑》，

原在青州城內龍興寺，見《金石錄》卷二十二。此碑仍在，現存青州市博物館。

▲是年正月，女真領袖阿古達稱帝，國號大金。《續通鑑》卷九十二

政和六年（一一一六，丙申）　三十三歲

▲三月四日，明誠再遊靈巖寺。

題記已見大觀三年九月十三日譜，最後云：「丙申三月復過此，德父記。」

▲六月晦，明誠在歸來堂再閱歐陽修《集古錄跋尾》手跡。

明誠跋云：「後十年，于歸來堂再閱，實政和丙申六月晦。」按明誠初題是跋尾爲崇寧五年二月事，見前譜。

▲收書既多，几案羅列枕藉，目往神授，樂在聲色狗馬之上。

〈後序〉：「收書既成，歸來堂起書庫大櫥，簿甲乙，置書册。如要講讀，即請鑰上簿關出卷帙，或少損污，必懲責揩完塗改，不復向時之坦夷也。是欲求適意而反取憀慄。余性不耐，始謀食去重肉，衣去重采，首無明珠翡翠之飾，室無塗金刺繡之具。遇書史百家，字不刓闕，本不訛謬者輒市之，儲作副本。自來家傳《周易》、《左氏傳》，故兩家者流，文字最備。於是几案羅列枕藉，意會心謀，目往神授，樂在聲色狗馬之上。」

▲大名尹毀唐田緒、何進滔二碑，以刻《五禮新儀》，明誠深以爲惜。《金石錄》卷二十九〈唐魏博田緒遺愛碑〉，「政和中，與柳公權所書〈何進滔德政碑〉，俱爲大名尹所毀。」卷三十〈唐何進滔德政碑〉，「進滔事跡固無足取，而柳公權書法爲世楷模，此碑尤爲雄偉。政和中，大名尹建言摩去舊文，別刊新制，好古者爲之嘆息也。」據陸游《老學庵筆記》卷九，二碑「政和中梁左丞子美爲尹，皆毀之，以其石刻新頒《五禮新儀》。」按吳廷燮《北宋經撫年表》，梁子美知大名府爲政和六年。又據《續通鑑》卷九十二，政和六年正月閏月庚申王鼎奏，《五禮新儀》既已成書，欲乞依仿新樂頒行之。詔從之。梁子美改刊之〈何進滔碑〉，近年在河北省大名縣發現，碑高十二點三米，寬三點零四米，厚一點零八米，額題《五禮之記》，徽宗御書。碑側柳公權書字跡尚存。見《光明日報》一九九一年六月二十二日。

▲宋人毀石刻事，明誠屢有記載。《金石錄》卷十五〈漢州輔墓石獸膊字〉云，墓前兩石獸膊上，一刻辟邪，一刻天祿。董之明以墨本寄之，云：「天祿近歲爲村民所毀。辟邪雖存，然字畫已殘缺難辨。」卷二十七〈唐崔潭龜詩〉：「蔡有鄰八分書，歐陽公稱之，以謂與三代彝鼎銘無異。而元祐間守京兆者，取其石爲柱礎，世遂不復傳，可惜也。」卷二十八〈唐顏勤禮碑〉：「魯公撰，

并書。元祐間，有守長安者，後圃建亭榭，多輦取境内古石刻以爲基址。此碑幾毁而存，然已摩去銘文，可惜也。」

政和七年（一一一七，丁酉）三十四歲

▲九月十日，劉跂序明誠《金石錄》。

序云：「東武趙明誠德父家，多前代金石刻，倣歐陽公《集古錄》所論，以考書傳諸家同異，訂其得失，著《金石錄》三十卷，別白牴牾，實事求是，其言斤斤，甚可觀也。昔文籍既繁，竹素紙札轉相謄寫，彌久不能無誤。近世用墨版摹印，便于流布，而一有所失，更無別本是正，然則謄寫摹印，其爲利害之數略等。……唯金石刻出於當時所作，身與事接，不容僞妄，皎皎可信。……余登泰山，睹秦相斯所刻，退而案史遷所記，大凡百四十有六字，而差失者九字。以此積之，諸書浩博，其失胡可勝言！……今德父之藏極甚富，又選擇多善，而探討去取，雅有思致，其書誠有補於學者。亟索余文爲序，竊獲附姓名于篇末，有可喜者，於是乎書。政和七年九月十日，河間劉跂序。」《金石錄》所載此文以爲後序。《永樂大典》本《學易集》及《宋文鑑》卷九十二所載此序，但稱序，亦無寫作年月。

▲明誠自序《金石錄》。

序謂：「余自少小，喜從當世學士大夫訪問前代金石刻詞。後得歐陽文忠公《集古錄》讀而賢之，惜其尚有漏落，思欲廣之。於是益訪求藏蓄，凡二十年而後粗備」。其序未有年月，據《金石錄》卷三〇〈漢重修高祖廟碑〉跋，明誠自言，「年十七八時，已喜收蓄前代石刻」。而此序云「凡二十年而後粗備」。政和七年，明誠三十七歲，自十七歲至是年，正合二十年之數，則序亦當作於是年。

▲劉跂又序明誠《古器物銘碑》。

翟耆年《籀史》謂，明誠有《古器物銘碑》，河間劉跂序。《古器物銘碑》已佚，劉序也不見今本《學易集》。但劉氏《學易集》卷二，有〈題古器物銘贈得（德）甫兼簡諸友〉詩，涉及作序事：「往者李龍眠，監河國城岸。家多古時器，羅列供客玩。爵觚屢飲我，鼎鬲貯肴膳。到今李侯書，一展如對面。邇來三十載，復向趙卿見。收藏又何富，摹寫粲黃卷。沈酣夏商周，餘嗜到兩漢。銘識文字祖，曾玄成籀篆。頗通蒼雅字，不畏魯魚眩。遂將傳琬琰，索我序且讚。我衰心力薄，游不出里閈。孔懷忘年友，契闊異州縣。深慚千里駕，請畢十日燕。諸賢共流連，更賴三語掾。」據「深慚千里駕」、「索我序且讚」等句，知明誠實曾至東平登門求序，此序似與所作《金石錄·序》，同爲政和七年間事。

宣和元年（一一一八，戊戌）三十五歲

▲仲冬廿六日夜，明誠再觀歐陽修《集古錄．跋尾》手跡。

跋云：「戊戌仲冬廿六夜，再觀。」按明誠跋此手跡，此是第三次。

▲安州孝感縣民耕地得古器六。

《金石錄》卷十三：「右六器銘，重和戊戌歲，安州孝感縣民耕地得之，自言於州，州以獻於朝。凡方鼎三，圜鼎二，甗一，皆形制精妙，款識奇古。」按《宋史．徽宗紀》，宣和元年「三月庚戌，蔡京等進安州所得商六鼎。」即孝感所出六器，但誤爲六鼎。

▲明誠跋〈唐雲門山投龍詩〉。

《金石錄》卷二十七：「右《唐雲門山投龍詩》，北海太守趙居貞撰。序言天寶玄默歲下元日，居貞投金龍環璧于此山，有瑞雲出自洞中，有聲云：皇帝壽一萬一千一百歲。蓋天寶中玄宗方崇道家之說，以祈長年，故當時諂諛矯妄之徒，皆稱述奇怪，以阿其所好，而居貞遂刻之金石，以重欺來世，可謂愚矣。」

雲門山在青州城南五里，其上有大雲頂，中有通穴如門，可容百餘人，遠望如懸鏡。

〈投龍璧詩〉及序，即刻于山陽洞西崖壁上。

按宋徽宗時，崇信道教，造爲天神下降，夢見老子等種種謊言，以欺世人。政和七年，方士林靈素秉承徽宗旨意，造爲清華帝君夜降宣和殿事，在上清寶籙宮當眾宣諭。徽宗又稱「朕乃昊天上帝元子，爲大霄帝君」，示意道籙院册封其爲教主道君皇帝。明誠〈投龍詩跋〉，實有借古諷今意，故附其跋於是年。

宣和二年（一一二〇，庚子）　三十七歲

▲是歲宋遣趙良嗣使金，約夾攻遼國。

▲是歲十月方臘起兵反花石綱，請誅朱勔。按花石綱爲徽宗時運輸東南花石船隻的編組。崇寧四年設蘇杭應奉局，由朱勔主其事，專門索求奇花異草異石等物，運往東京，沿淮、汴而上，每十船爲一綱，舳艫相連。其後各地競相效尤，爭進奇珍異物，山東登、萊、淄、沂等地的海珍文石，也在供奉之列，而以二浙尤甚，造成人民巨大災難。

▲明誠嘗論供奉之害，以喻時政。

《金石錄》卷二十九〈唐義興縣重修茶舍記〉：「義興貢茶非舊也，前此故御史大夫李栖筠實典是邦，山僧有獻佳茗者，會客嘗之。野人陸羽以爲芬香甘辣，冠于他境，可荐于上。栖筠從之，始進萬兩，此其濫觴也。厥後因之，徵獻浸廣，遂爲任土之貢，與常賦之邦侔矣。每歲選匠徵夫至二千餘人云。予嘗謂後世士大夫，區區以口腹玩好之獻爲愛君，此與宦官、宮妾之見無異，而其貽患百姓，有不可勝言者。如貢茶，至末事也，而調發之擾猶如此，況甚者乎！」

卷四

萊、淄歲月（宣和三年至靖康元年）

連守兩郡，竭其俸入，以事鉛槧。每獲一書，即共同勘校，整集籤題，得書畫、彝鼎，亦摩玩舒卷，指摘疵病，夜盡一燭爲率。故能紙札精緻，字畫完整，冠諸收書家。《金石錄後序》

宋徽宗宣和三年（一一二一，辛丑）三十八歲

▲春，清照在青州。

▲二月，宋江入楚州、海州界，命知州張叔夜招降之。《宋史·徽宗紀》

按宋江三十六人起事在宣和元年，見《皇宋十朝綱要》卷十八。

▲明誠嘗得叔夜所寄〈漢河南尹蘇府君碑額〉。

《金石錄》卷十九云，「今宣州太守張叔夜嵇仲見寄，云在許州道傍。」叔夜爲宣州太守，不見《宋史》本傳。其招降宋江後，加直學士，徙濟南府，又知青州。其寄明誠漢碑

額，當在知海州以前。

▲三月四日，中書舍人趙思誠言添差兵馬都監事。

《宋會要輯稿》〈職官〉四十九引《續國朝會要》載，思誠言：「祖宗朝，兵馬都監監押大州，不過三員，小州止一員。今一州之中，至有六七人，職事不修，徭人使臣，係與不係依令來旨揮減罷。兼契勘軍班換授之人，逐時降旨揮，許添差。三路總管司教押軍隊，即別無正額。及昨蒙旨揮，爲李奎冒用階官換武臣。奉御筆許添差都監監押，本院已添差訖。今來即未審依令降旨揮一例減罷，亦未審令依舊存留在任。有此疑惑，未敢擅便施行。」詔並係合添差。

▲四月廿五、廿六日，明誠遊仰天山。

趙明誠等仰天山水簾洞題名：「盧彥承，趙守誠、明誠、克誠，謝克明叔子，辛丑四月廿五日同游。」題名刻於洞內石壁上。

趙明誠等仰天山羅漢洞題名：「盧格之，趙仁甫、德甫、能父，謝叔子同游。宣和辛丑四月廿六日。」此題名在大觀戊子題名之右側。守誠、克誠，當爲明誠從兄弟輩，仁甫、能父是其字。謝克明，字如晦，已見前，叔子應是他的別號。盧格之即彥承，其人未詳。

水簾洞內壁上，有明誠另一則題名：「趙仁約子文，趙明誠德父，謝克明叔子。」未有年月。

據題名，明誠至少有五次往遊仰天山，一次無年月，有年月者以宣和辛丑（三年）四月爲最晚。

▲明誠知萊州。

按是年八月清照到萊，明誠知萊州，當在八月以前。李清照〈金石錄後序〉謂，「後屏居鄉里十年，仰取俯給，衣食有餘。連守兩郡，以事鉛槧」。明誠守萊後即守淄，可見明誠起復即知萊州，但此時鄉居已過十年之數，蓋〈後序〉舉整數言之耳。俞

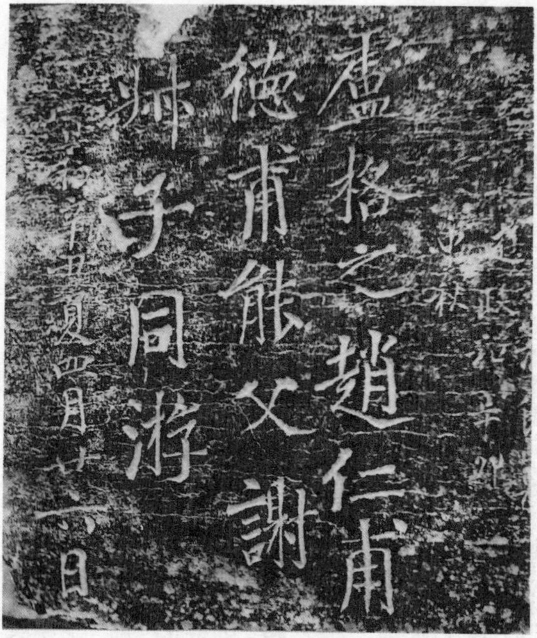

趙明誠青州仰天山題名

正燮《癸巳類稿．易安居士事輯》謂，明誠守萊前知青州。查吳廷燮《北宋經撫年表》，自大觀元年至宣和二年先後知青州者，大觀元年姚祐，二年、三年王漢之，四年徐處仁；大觀四年五月至政和二年六月，余深，政和二年梁子野，三年錢即，三年，四年王靚，四年至六年梁子美；政和六年至重和元年爲崔直躬；宣和二年十二月，曾孝蘊自歙州知青州，道改杭州，以趙霆知青州，旋又改易。其間宣和元年至二年十二月間，守臣爲誰不明。但青州爲大郡，乃京東東路治所，守青乃一路帥臣，例由資望較深職位較高的官員出任，明誠其時絕無任斯職可能。

▲秋，清照經昌樂赴萊，有〈蝶戀花〉詞寄姊妹。

詞云：「淚濕羅衣脂粉滿，四疊陽關，唱到千千遍。人道山長長又斷，蕭蕭微雨聞孤館。　惜別傷離方寸亂，忘了臨行，酒盞深和淺。好把音書憑過雁，東萊不似蓬萊遠。」此詞見曾慥《樂府雅詞》卷下，又見元人劉應季《事文類聚翰墨大全》後丙集卷四，題作〈止昌樂館寄姊妹〉。昌樂爲青州屬縣，由青州至萊州，必經其地。

▲八月十日清照到萊，有感懷詩。

詩前小序云：「宣和辛丑八月十日到萊，獨坐一室，平生所見，皆不在目前。几上有禮韻，因信手開之，約以所開爲韻作詩，偶得子字，因以爲韻，作〈感懷詩〉云。」詩見明田藝蘅《詩女史》卷十一〈序言〉「平生所見，皆不在眼前」，可見其時明誠到萊未久，而易安則初至任所。

▲在萊州南山得〈後魏鄭羲碑〉。《金石錄》卷二十一：「碑乃在今萊州南山上，磨崖刻之。蓋道昭嘗爲光州刺史，即今萊州也，故刻其父碑于茲山。余守是州，嘗與僚屬登山，徘徊碑下久之。」

▲又得鄭道昭〈登雲峯山〉及〈北齊雲峯山題記〉等刻。雲峯山現存北朝刻石十七處。其中有鄭道昭〈論經書詩〉、〈觀海童詩〉兩刻，《金石錄》卷二，目錄第三百四十一、三百四十二，即此二刻，題作〈後魏鄭道昭登雲峯山詩〉上、下。〈北齊雲峯山題記〉，見卷三目錄，乃鄭道昭子述祖所題。〈觀海童詩〉，各書多誤爲〈觀海島詩〉，當以石刻爲正。

▲畢仲游卒。《永樂大典》二〇二〇五〈畢公墓誌銘〉

宣和四年（一一二二，壬寅）　三十九歲

▲明誠、清照在萊州。

▲明誠得〈後魏鄭羲上碑〉。

《金石錄》卷二十一：「初，予爲萊州，得〈羲碑〉于州之南山，其末有云：『上碑在直南二十里天柱山之陽，此下碑也。因遣人訪求，在膠水縣界中，遂摹得之。』」

▲又得〈後魏天柱山東堪石室銘〉、〈北齊天柱山銘〉。

《金石錄》卷二十二〈北齊天柱山銘〉，「在今萊州膠水縣。初，後魏永平中，鄭道昭爲郡守，名此山曰天柱，刻銘其上。至北齊天統元年，其子述祖繼守此邦，復刻銘焉。」鄭道昭刻銘，即〈天柱山東堪石室銘〉，見《金石錄》卷二目錄。

▲除日，明誠重觀所題歐陽修《集古錄．跋尾》舊跡。

明誠題云：「壬寅歲除日，于東萊郡宴堂重觀舊題，不覺悵然，時年四十有三矣。」按清照〈金石錄後序〉，明誠建中靖國元年年二十一，以此下推，宣和四年爲四十二，與明誠自題不同。

宣和五年（一一二三，癸卯）　四十歲

▲正月人日（七日），清照從兄李迥跋李格非〈廉先生序〉。

跋云：「迴憶昔童時，從先伯父、先考、先叔西郊縱步三里，抵茂林修竹谿深水靜得先生之居，謁拜先生，數幸侍側，欣聞謦欬之餘，獨愧顓蒙，未有知識。但見先生雲巾鶡

鳥，羽服藜杖，身晦于林泉之間，望之如神仙中人，真古所謂隱逸者也。先生既歿，先考評其爲人，先叔作序，以紀名實。而太學諸生取其附于策斷之末，傳誦天下，儒者尊師之，迄今三十有七年矣。先生孫宗師、曾孫理、珪，更願樹之堅石，蓋求不朽。後進有立，喜爲之書。宣和癸卯正月人日，李迥謹題。」文見道光《章邱縣志．金石志》。

（參見拙作〈廉先生序石刻考釋〉，《文物》一九八四年第四期）

▲八月中秋，明誠跋唐《顏喬卿碣》。

《金石錄》卷二十八〈唐富平尉顏喬卿碣〉：「在長安，世頗罕傳，或云其石亡矣。有朝士劉繹如者，汶陽人，家藏漢唐石刻四百卷，以予此集缺此碣也，輒以見贈。宣和癸卯中秋，在東萊重易裝標，因爲識之。」

劉繹如，字成叔，東平人，著有《金石苑》。劉跂《學易集》卷六〈金石苑序〉：「東平劉繹如字成叔，裒次前代金石刻爲書，不以世代歲月爲次，獨以得之先後次第，目曰《金石苑》，請予爲序。……覽之殊可喜，自三代漢唐迄於今，遺文甚多，蓋不可以量計。……東武趙明誠得甫，貴公子，酷嗜古學，仿歐陽公《集古》，考訂異同，爲一家言。今成叔又有是書，且言當滿千帙乃止。……」其書今已不存，後來是否已滿千帙，亦不可知。

▲《金石錄》裝卷初就，明誠每晚校勘二卷，跋題一卷。

〈後序〉：「憶侯在東萊靜治堂，裝卷初就，芸籤縹帶，束十卷作一帙，每日晚吏散，輒校勘二卷，跋題一卷。」

按元人于欽《齊乘》卷四載，宋時沂州亦有靜治堂，乃沂州公署後堂，元時堂尚存，有宋元祐六年〈新創蓮花漏碑〉。

▲臨淄出土齊鐘等古器數十種。

《金石錄》卷十三〈齊鐘銘〉：「宣和五年，青州臨淄縣民於齊故城耕地得古器物數十種，其間鐘十枚，有款識，尤奇，最多者幾五百字，今世所見鐘鼎銘文之多，未有踰此者。驗其詞，有余一人及齊侯字，蓋周天子所以命錫齊侯，齊侯自紀其功勳者。初，鐘既出，州以獻于朝；又命工圖其形製，及臨仿此銘刻石，既非善工，而有漫滅處，皆以意增損之，以此頗失真。今余所藏，乃就鐘上摹拓者，最得其真也。」

▲得〈唐中書舍人王無競碑〉等刻。

《金石錄》卷三十：「無競，東萊人，墓在掖縣界中云。」卷六目錄，著錄〈唐膠水令徐公德政碑〉、〈掖縣令趙公德政碑〉，諸刻皆當為明誠守萊時所得。

▲是年四月，金以燕京及涿、易、檀、順、景、薊等六州歸宋。宋除原與金歲幣四十萬

外，加年輸燕京代稅錢一百萬緡，見《續通鑑》卷九十四。按金於宣和四年破遼，遼主西遷，金人入燕京，席卷金帛、民戶、職官以去，遂以燕京及六州歸宋。

宣和六年（一一二四，甲辰）　四十一歲

▲《宣和博古圖》成書。

是書三十卷，王黼奉命編撰，著錄宣和殿歷代銅器八百三十九件。大觀初開始編纂，宣和中成書。

▲是年九月，以復燕雲，大赦天下。十月，詔有收藏習用蘇、黃之文者，並令焚燬。

宣和七年（一一二五，乙巳）　四十二歲

▲明誠守淄州。

▲再題〈漢成陽靈台碑〉。

《金石錄》卷十六〈漢成陽靈台碑〉，「成陽屬今雷澤。碑略云堯母慶都殁蓋葬于兹，欲人不知，名曰靈台。」後有補題云：「余爲淄州，同官李蕘，雷澤人，云塚在城西南。」

▲遷〈唐淄州開元寺碑〉，以欄楯護之。

《金石錄》卷二十七：「李邕撰，并書。碑初建於本寺，後人移置郡廨敗屋下。余爲是州，遷於便坐，用爲欄楯以護之。」又卷七目錄有〈唐淄州郡述德記并詩序〉，或亦得於守淄時。

▲夏，得白居易書，與清照共賞。

繆荃孫《雲自在龕隨筆》卷二：「唐白居易書《楞嚴經》一百幅，三百九十六行，唐箋楷書，係第九卷後半卷。趙明誠跋云：淄川邢氏之村，邱地平瀰，水林晶淯，牆麓磽确布錯，疑有隱君子居焉。問之，兹一村皆邢姓，而邢君有嘉，故潭長，好禮，遂造其廬，院中繁花正發，主人出接，不厭余爲兹州守，而重予有素心之馨也。夏首後相經過，遂出樂天書《楞嚴經》相示。因上馬疾馳歸，與細君共賞。時已二鼓下矣，酒渴甚，烹小龍團，相對展玩，狂喜不支。兩見燭跋，猶不欲寐，便下筆爲之記，趙明誠。前後有紹興璽，末幅止角上半印，存御府二字。後有寶慶改元花朝後三日重裝于寶易樓，遜志題。此册想見趙德夫夫婦相賞之樂。」《中國大百科全書》〈中國文學〉卷第一册，有白書片斷。近人或以爲僞。

▲得孟姜匜、平陸戈。

《金石錄》卷十三〈家藏古器物銘〉下，有孟姜匜。王厚之《鐘鼎款識》、薛尚功《歷代鍾鼎彝器款識》卷十二引《古器物銘》云：「得於淄之淄川。」薛書卷十七引《古器物銘》云，平陸戈藏淄川民間。明誠得此二器，當亦在守淄時。

▲十月，傅察奉命接伴金賀正旦使，時金將攻宋。

《忠肅集》卷下〈宋故朝散郎尚書吏部員外郎、贈徽猷閣待制傅公行狀〉：「宣和七年乙巳十月，借宗正少卿接伴大金國賀正旦使。」《三朝北盟會編》卷二十二載，「宣和七年十月，詔吏部員外郎傅察充接伴金國賀正旦使，蔣噩副之。」《續通鑑》卷九十五，是年十月甲辰，金主詔諸將南伐，「金人部署已定，而舉朝不知；遣使往來，泄泄如平時。」

▲十二月二日詔，朝散郎權發遣淄州趙明誠職事修舉，可特除直秘閣。《宋會要輯稿》選舉三十三

▲十二月己酉，中山奏，金人兩路入侵，郭藥師以燕山叛，傅察奉使不屈，遇害。《宋史·徽宗紀》

李邴〈傅察墓誌〉紀傅察遇害本末云：「十一月，公至燕山府，聞虜入寇，或勸其勿遽行。公曰：『銜命已出，聞難則止，如君命何？』遂行。二十一日，至薊州韓城鎮，使人失期。居數日，虜騎暴至，強公行，遇金國二太子斡離不，左右促公拜，白刃如林，公愈自立，衣冠顛頓終不屈。斡離不怒曰：『爾今不拜我，後日雖欲拜可得耶？』公知

不免，謂隨行書狀官侯彥等曰：『我以國故義不屈，我死必矣。……公等得脫，幸記我言，以告吾親，知我死國，少解其無窮之悲也。』十二月七日，虜次燕山，郭藥師迎戰，殺傷甚眾。再戰，遽以軍降。彥等不知公存亡已累日矣，密以訪虜，已殺之矣。彥等爲公發喪，燕山將官武漢英，焚遺體，命虎翼卒沙立等裹以歸。」（《三朝北盟會編》卷二十二轉引）

▲十二月庚申，徽宗詔太子嗣位，是爲欽宗。甲子，太學生陳東等上書，請誅蔡京，童貫、王黼、梁師成、李彥、朱勔等，謂之六賊。（《宋史．欽宗紀》）

▲是年賀鑄卒。

賀氏字方回，工詞，有《東山樂府》。清照〈詞論〉，以爲其詞少典重。

宋欽宗靖康元年（一一二六，丙午）四十三歲

▲明誠守淄州。

〈後序〉：靖康丙午歲，侯守淄州。

▲正月，金人犯京師，欽宗遣人議和，許割太原、河間、中山三鎮，以親王爲質。二月，勤王師大集，金兵退。三月壬午，罷主和諸臣，詔三鎮固守。殿中侍御史李擢罷，貶蔡

京爲崇信軍節度副使。《宋史．欽宗紀》

《老學庵筆記》卷十，「謝任伯參政在西掖，草蔡太師摘散官制，大爲士大夫所稱。其數京之罪曰：列聖貽謀之憲章掃蕩無餘，一時異議之忠賢誅鋤略盡。」後京再貶，道死。

▲五月，傅察特贈徽猷閣待制。

李邴《傅察墓誌》：沙立負傅察遺骨，「以靖康元年五月至京師。蔣噩、武漢英及官屬歸者，人人能道公不屈狀，侯彥又具本末聞于朝廷。大名路安撫使徐處仁、何北路轉運副使孫昭遠及諫官李光，相繼論奏，淵聖臨朝咨美，下詔曰：死有重于泰山，輕于鴻毛，顧所處如何耳。苟激于忠義，雖死猶生也。某以一介之使，馳不測之虜，臨以白刃，毅然不屈，以身殉于義，得矣。延閣次對，告于里第，以旌高節。特贈徽猷閣待制。公喪至，而公父裕之適爲屯田郎中，遣公弟寘護歸濟源縣，權厝先塋之佛廬曰：資忠崇慶院。嗚呼，公之節著矣！」（《三朝北盟會編》卷二十二引晁公休《傅公行狀》謂，「資忠崇慶院」即賜憲簡公守墳佛廬也。其請置佛院守墳疏，乃李格非撰文，已見前譜。晁公休《傅公行狀》：「公積官至朝散郎，娶趙氏，封安人，男女五人皆趙出。自強，用外祖遺表補將仕郎，自得、自修並承郎，長安許嫁承事郎趙悰，次最幼。」

▲六月十六日，李擢復召爲左司諫。《靖康要錄》

▲《宋史．李光傳》：「李會、李擢復以諫官召，光奏：蔡京復用，時會、擢迭爲諫官，禁不發一語。金人圍城，與白時中、李邦彥專主避敵割地之謀。時中，邦彥坐是落職，而會、擢反被召用，復預諫諍之列，乞寢成命。不報。」《靖康要錄》：「（靖康元年）七月廿八日聖旨，自即位之初，未有論列蔡氏者，李擢首先論列。今李光謂召擢不當，顯與蔡氏爲地，送吏部與小郡。」《宋史．欽宗紀》七月，「壬辰，侍御史李光坐言事貶監當。」

▲明誠轉一官。

許景衡《橫塘集》卷七〈趙明誠轉一官制〉敕：逋卒狂悖，警擾東州，爾爲守臣，提兵帥屬，斬獲爲多。今錄爾功，進官一等，剪除殘孽，拊循兵民，以紓朝廷東顧之憂。惟爾之職，往其懋哉。可。」據《宋史．欽宗紀》，靖康元年三月，景衡以御史中丞同知樞密院事。《宋史．許景衡傳》，欽宗初立，景衡「以正言召，旋改太常少卿兼太子諭德，遷中書舍人。侍御史李光，正言程瑀，以鯁亮忤執政，斥，景衡爲辨白，坐落職予祠。」據此，則景衡落職必在是年八月，其草明誠轉官制，當在八月以前。

▲十一月己巳，以金人日逼，集百官議太原、河間、中山三鎮棄、守。《宋史．欽宗紀》

▲梅執禮建議清野。從之。以王時雍、李擢等分守京師四壁。

《靖康要錄》：靖康元年十一月八日，「梅執禮建議清野，從之。差王時雍東壁，李擢南壁，安扶北壁，邵溥西壁，并守禦使。」

▲十一月三十日，金兵至京師。《三朝北盟會編》卷六十五

▲閏十一月十四日，李擢以守禦不力落職。《三朝北盟會編》卷六十六，「十四日己巳雪晴，駕在城上，擐甲勞軍。……守禦提舉李擢落職罷，以田灝代之。初，護龍河自賊迫近，即決汴水以增其深。其後雪寒冰合，賊于冰上布板置草覆之，將以攻城，而擢不介意。是日雪晴，上登城勞賞，見城濠填壘殆盡，責之，故有是命。」《靖康要錄》記其事於七日，「聖旨：李擢、喬師中，坐視賊兵進栰濠河中三分之二，顯見守禦無方，各降四官。」

二十五日，京師陷。次日，謝克家爲請命使，使於金軍。

《三朝北盟會編》卷六十九，二十五日，京師失守。卷七十，二十六日，「城陷，上急召大臣、親王、侍從而至者三人，謝克家其首也，因與徒步入閤中計議。俄頃遣謝克家及景王使軍中請命。傳聞太上皇旨意極謙，皆以全活生靈爲主。……午漏方正，景王與謝克家回，同金人使命來議和。」

卷五

漂泊江南（靖康二年至清照卒）

宋欽宗靖康二年、高宗建炎元年（一一二七，丁未）四十四歲

▲三月丁酉，金人立張邦昌爲楚帝。丁卯，金人俘徽宗北去。《宋史・欽宗紀》

▲明誠奔母喪南下，載書冊文物十五車。

〈後序〉：「建炎丁未春三月，奔太夫人喪南來。既長物不能盡載，乃先去書之重大印本者，又去書之多幅者，又去古器之無款識者，後又去書之監本者，畫之平常者，器之重大者，凡屢減去，尚載書十五車，至東海，連艫渡淮，又渡江，至建康。青州故第尚鎖書冊用屋十餘間，期明年再具舟載之。」

▲四月庚申朔，金兵撤，俘欽宗北去。《宋史・欽宗紀》

謝克家有〈憶君王〉詞：「依依宮柳拂宮牆，樓殿無人春晝長，燕子歸來依舊址，月破黃昏人斷腸。」見宋人石茂良《避戎夜話》卷下，謂淵聖幸虜營不返，謝元及作〈憶君王〉

云。

▲丁卯，謝克家以大宋受命之寶往迎康王於濟州。《宋史·高宗紀》

▲五月庚寅朔，康王趙構即位於南京應天府（今河南商丘），是爲高宗。《宋史·高宗紀》

▲六月，責降張邦昌及受僞命諸臣。

《要錄》卷六載，李擢，郴州安置。謝克家以述古殿直學士提舉杭州洞霄宮，尋降充龍圖閣待制。汪藻《浮溪集》卷十二有〈謝克家、范宗尹落職予祠制〉、〈謝克家降充龍圖閣待制制〉。

▲八月丁巳，明誠起知江寧府。

〈後序〉：「建炎戊申秋九月，侯起復知建康府（按此時爲江寧府，後改建康府）。」據《景定建康志》卷十四大事表載，建炎元年七月翁彥國致仕。八月，起復朝散大夫、秘閣修撰趙明誠知府事，仍兼江南東路經制使。《要錄》卷七，建炎元年八月丁巳，江寧奏彥國卒，乃起復直龍圖閣趙明誠知江寧府，兼江東經制副使。自注：《日曆》：明誠明年正月己亥除知江寧府。而建康知府題名，明誠以元年八月到任。案江寧要地，無緣彥國死半歲方除帥臣，蓋《日曆》差誤。

▲四月庚申朔，金人俘欽宗北去。《宋史·欽宗紀》

▲十月癸未，高宗至揚州。《宋史·高宗紀》

▲十二月壬戌，青州兵變，殺帥臣曾孝序。《宋史·高宗紀》、《要錄》卷十一

▲清照離青州去江寧。

趙明誠跋蔡襄書〈趙氏神妙帖〉云：「此帖章氏子售之京師，余以二百千得之。去年秋西兵之變，余家所資，蕩無遺餘。老妻獨攜此而逃。未幾，江外之盜再掠鎮江，此帖獨存。信其神工妙翰，有物護持也。建炎二年三月十日（下缺）。」（岳珂《寶晉齋法書贊》卷九）

▲明誠兄存誠除廣東安撫使知廣州，十二月到任。《南宋制撫年表》引《廣東通志》

建炎二年（一一二八，戊申）　四十五歲。

▲明誠守江寧。

▲正月，金人陷青州。《宋史·高宗紀》、《金史·太宗紀》

▲明誠青州故第所遺書冊文物悉化爲灰燼。清照〈後序〉：「（建炎元年）十二月，金人陷青州，凡所謂十餘屋者，已皆爲煨燼矣。」所云青州之陷，時間與上引各書不同。而劉時舉《續宋中興編年資治通鑑》卷一，亦云「十二月寇陷青州」。

▲春，清照至江寧。有〈臨江仙〉。

其詞云：「庭院深深深幾許，雲窗霧閣常扃，柳梢梅萼漸分明。春歸秣陵樹，人客建康城。感月吟風多少事，如今老去無成。誰憐憔悴更凋零。試燈無意思，踏雪沒心情。」此詞有的句子傳本略有不同。黃盛璋《趙明誠李清照夫婦年譜》，據「秣陵」、「建康」等地名，斷定詞必作於此時。但詞學叢書本《樂府雅詞》，「建康」作「建安」，其地在閩；又，趙萬里輯《漱玉詞》，「人客」作「人老」；而詞中又有「而今老去無成」等語，王學初《李清照集校註》遂謂此詞當作於明誠卒後。又謂清照嘗至建安，「建康」當作「建安」。按如作「建安」，則上句「秣陵」又應何解，不可從。

▲三月十日，明誠跋〈趙氏神妙帖〉。

▲四月十九、二十一日，蔡傳素、蔣猷等觀〈趙氏神妙帖〉。

按此帖乃蔡襄與伯鎮書三通，文見岳珂《寶晉齋法書贊》卷九，後有趙明誠、張彥遠、晁說之、張縝、蔡傳素、蔣猷及岳珂題。明誠所題已見前。其他諸人所題爲：①予在會稽，嘗玩其石刻，今此又見其真跡，頗識其筆法云。政和丙申歲二十一日，彥遠題。②說之嘗觀於吳門開元東第，丙申殘臘日。③張縝獲觀。④蔡傳素同觀，建炎戊申四月十九日。⑤君謨書，評者以爲本朝第一，今觀其書尺，信不虛也。建炎戊申四月甲戌（二十一日）日，蔣猷題。⑥岳珂題云：右蔡忠惠公〈趙氏神妙帖〉三幅，待制趙明誠德甫跋真跡一卷。法書之存，付授罕親，此獨有德甫的傳次第。而蔣仲遠猷，晁以道説文，張彥智縝，俱書其後，中有彥遠者，未詳其爲誰。承平文獻之盛，是蓋蔚然可觀矣。德甫之夫人易安居士，流離兵革間，負之不釋，篤好又如此。所憾得甫跋語，糜損姓名數字。帖故有石本，當求以足之。嘉定丁亥十月，予在京口，有鬻帖者持以來，叩其所從得，靳不肯言，予既從售，亦不復詰云。贊曰：公書在承平盛時已售錢二十萬，趙氏所寶也。題跋皆中原名士，今又一百年，文獻足考也。易安之鑒裁，蓋以與身存亡之鼎，同此持保也。予得之京口，將與平生所得之真，俱供吾志也。

按彥遠應即董逌，其人字彥遠，東平人。靖康末官國子祭酒。南渡後，召爲中書舍人。以考據鑑賞擅名，有《廣川書跋》十卷，《廣川畫跋》六卷。晁説之，字以道，元豐五年進士，終官徽猷閣待制。有《景迂生集》。張縝，字彥智，丹徒人，終官知建康，紹興二年卒。蔣猷，字仲遠，金壇人，元豐八年進士，累官徽猷閣直學士，建炎四年卒。《宋史》卷三六三有傳。蔡傳素其人未詳。

▲七月癸未朔，東京留守宗澤憂憤死。《續通鑑》卷一〇二

▲十二月，金兵破東平、北京（大名府），陷淄州，知濟南府劉豫以城降。金兵趨徐泗，圖攻揚州。《宋史·高宗紀》

▲清照雪日每登城尋詩。

周煇《清波雜志》卷八：「頃見易安族人言，明誠在建康日，易安每值天大雪，即頂笠披簑，循城遠覽以尋詩。得句必邀其夫賡和，明誠每苦之也。」

▲有詩刺宋室君臣逃跑偷安。

胡仔《苕溪漁隱叢話》後集卷三十三引《詩說雋永》：今代婦人能詩者，前有曾夫人魏，後有易安李。李在趙氏時，建炎初從秘閣守建康，作詩云：「南來尚怯吳江冷，北狩應悲易水寒。」又云：「南渡衣冠少王導，北來消息欠劉琨。」

莊綽《雞肋編》卷十：「靖康初，罷舒王王安石配享宣聖，復置《春秋》博士，又禁銷金。時皇弟肅王使虜，爲其拘留未歸。种師道欲擊虜，而和議既定，縱其去，遂不講防禦之備。太學輕薄子爲之語曰：『不救肅王廢舒王，不禦大金禁銷金，不議防秋治《春秋》。』其後，胡人連年以深秋以弓勁馬肥入寇，薄暑乃歸。遠至湖湘二浙，兵戈擾攘，所在未嘗有樂土也。自是越人至秋亦隱山間，逾春乃出。人又以《千字文》爲戲曰：『彼則寒來暑往，我乃秋收冬藏。』」時趙明誠妻李氏清照，亦作詩詆士大夫云：『南渡衣冠欠王導，北來消息少劉琨。』又云：『南游尚覺吳江冷，北狩應悲易水寒。』後世皆當爲口實矣。」

建炎三年（一一二九，己酉） 四十六歲

▲正月丙午，金陷徐州。戊申，陷泗州。

▲二月庚戌朔，金陷楚州。壬子，高宗自揚州渡江南逃。以上見《宋史·高宗紀》

▲二月二十八日，謝克家跋謝克明所次《韓愈集》。

跋文見宋人方崧卿《韓集舉正·敘錄》，末題「建炎三年二月二十八日，天台郡齋記。」按《要錄》卷十六，建炎二年七月乙未，謝克家上書自辨，謂不受僞命，且嘗奉國寶至濟州，因召試尚書吏部尚書。殿中侍御史馬伸上言，謂謝克家不當召。謂其在靖康間，與李擢、李會等七人結爲死黨，附和耿南仲，倡爲和議之說，助成賊謀。克家不自安。請補郡，出知台州。

▲明誠罷守江寧。

《後序》：「己酉春三月罷。」按《要錄》卷二十，「建炎三年二月甲寅，御營統制官王亦，將軍駐江寧，謀爲變，以夜縱火爲信。江東轉運副使李謨覘知之，馳告守臣趙明

誠。時明誠已被命移湖州，弗聽。謨飭兵防之，柵其隘。夜半，天慶觀火，諸軍譟而出，亦至，不得入，遂斧南門而去。遲明，訪明誠，已與通判府事毋丘絳、觀察推官湯允恭縋城遁。後絳、允恭皆抵罪。」據此，明誠之罷，當爲二月事。

▲三月，具舟上蕪湖，入姑孰，將卜居贛水。〈後序〉

▲舟過烏江縣，清照作絕句弔項羽。

詩曰：「生當作人傑，死亦爲鬼雄。至今思項羽，不肯過江東。」《史記‧項羽本紀》，項羽戰敗，自刎於烏江。其地宋時爲和州烏江縣，今爲安徽省和縣。自江寧循江至蕪湖，必過其境。唐時，烏江縣建有項王廟，李陽冰篆其額曰：「西楚霸王祠」。《金石錄》卷七目錄，有〈唐西楚霸王祠堂頌〉，賀蘭進明撰，賀蘭庭書。唐代詩人杜牧、孟郊，俱有詩詠之。祠後有項王衣冠塚。宋烏江令龔相有〈烏江亭賦〉。

▲四月，高宗由杭州至江寧。

▲五月八日，改江寧府爲建康府。以上并見《要錄》卷二十三

▲五月，至池陽，明誠被旨知湖州。六月十三日，明誠赴建康。

〈後序〉：「夏五月，至池陽，被旨知湖州，過闕上殿，遂駐家池陽，獨赴召。六月十三日，始釋擔，捨舟坐岸上，葛衣岸巾，精神如虎，目光爛爛射人，望舟中告別。余意甚

惡，呼曰：『如傳聞城中緩急奈何？』戟手遙應曰：『從眾。必不得已，先去輜重，次衣被，次書册卷軸。獨所謂宗器者，可以負抱與身共存亡，勿忘也。』遂馳馬去。」

▲七月壬寅，隆祐太后率六宮往豫章（今江西南昌）。《要錄》卷二十五

▲明誠八月十八日卒於建康。

〈後序〉：「途中奔馳，冒大暑，感疾，至行在，病痁。七月末，書報臥病，余驚怛，念侯素性急，奈何病痁，或熱，必服寒藥，疾可憂。遂解舟下，一日夜行三百里。比至，果大服柴胡、黃芩藥，瘧且痢，病危在膏肓，余悲泣倉皇，不忍問後事。八月十八日，遂不起。取筆作詩，絕筆而終。」

▲清照爲文祭之。

謝伋《四六談塵》卷一：趙令人，號易安，其祭湖州文曰：「白日正中，嘆龐翁之機捷；堅城自墮，憐杞婦之悲深。」謝伋，字景思，明誠姨兄謝克家之子。官至太常少卿。

▲葬畢，清照大病，事勢日急。明誠妹婿從衛在洪州，遂遣故吏部送行李往投之。

〈後序〉：「葬畢，余無所之。朝廷已分遣六宮，又傳江當禁渡。時猶有書二萬卷，金石刻二千卷，器皿茵褥可待百客，他長物稱是。余又大病，僅存喘息，事勢日迫。念侯有妹婿任兵部侍郎從衛在洪州，遂遣二故吏先部送行李往投之。」

按《要錄》卷二十九，其時明誠妹婿李擢權兵部侍郎，從衛太后在洪州。

▲閏八月，王繼先以黃金三百兩市明誠家古器，兵部尚書謝克家奏請止其事。

《要錄》卷二十七：「和安大夫、開州團練使王繼先，嘗以黃金三百兩從故秘閣修撰趙明誠家市古器物，兵部尚書謝克家言，恐疏遠聞之，有累盛德，欲望寢罷。批令三省取問繼先因依。」

按《宋史》卷四七〇〈王繼先傳〉，其人乃高宗御醫，奸黠善佞，建炎初以醫得幸，後寖貴寵，世號黑雯王醫師，權勢與秦檜埒。其於明誠家市古器事，後情不明。

▲十月，金兵南侵，一路由黃州渡江趨洪州，追隆祐太后，一路趨兩浙，高宗至臨安，復移浙東。《要錄》卷二十八

▲十一月壬子，金兵迫洪州，守臣王子獻、李擢等皆遁。

《要錄》卷二十九：「壬子，隆祐皇太后退保虔州。知洪州王子獻棄城走撫州，於是中書舍人李公彥、徽猷閣待制權兵部侍郎李擢皆遁。」

按李公彥乃李擢之父。李正民《大隱集》卷二，有〈李公彥中書舍人制〉，綦崇禮《北海集》卷二，有〈朝議大夫試中書舍人李公彥可轉中奉大夫守中書舍人致仕制〉，張擴《東窗集》卷七，有〈徽猷閣直學士左朝請大夫提舉江州太平觀李擢父公彥贈銀青

光祿大夫制〉。

▲十一月戊午，金人陷洪州。趙氏連艫渡江之書散爲雲煙。〈後序〉：「冬十二月，金人陷洪州，遂委棄，所謂連艫渡江之書又散爲雲煙矣。獨餘少輕卷軸書帖，寫本李、杜、韓、柳集，《世說》、《鹽鐵論》、漢唐石刻副本數十軸，三代鼎鼐十數事，南唐寫本書數篋，偶病中把玩，搬在臥內者，巋然獨存。」

按《要錄》卷二十九，洪州陷爲十一月。

▲有弟迒，任敕局刪定官，清照往依之。見〈後序〉及《宋會要輯稿》刑法一之三五。王學初《李清照事跡編年》，因爲結一廬本〈金石錄後序〉「有弟迒任」作「有弟近任」，明抄《說郛》本《瑞桂堂暇錄》本作「有弟仕」，遂謂清照弟是否名迒，「殊未可必」。是王氏尚不知《宋會要輯稿》有關記載，誤信有錯誤的刊本。

▲時傳有密論列明誠者，有所謂頒金之語，清照被迫以所有銅器等物追隨帝踪，希圖投進，流離浙東一帶，所餘文物又散失大半。〈後序〉：「先侯疾亟時，有張飛卿學士攜玉壺過視侯，便攜去，其實珉也。不知何人傳道，遂妄言有頒金之語，或傳亦有密論列者。余大惶怖，不敢言亦不敢已，盡將銅器等

物，欲赴外廷投進。到越，已移幸四明，不敢留家中，並寫本書寄剡。後官軍收叛卒取去，聞盡入故李將軍家，所謂巋然獨存者，無慮十去五六矣。」

▲冬，《梅苑》成書，收清照詞六首。是書爲蜀人黃大輿所輯。是書自序稱，己酉（建炎三年）之冬，抱疾山陽，所居齋前植梅一株，乃錄唐以來才士咏梅佳作，以爲齋居之玩，目之曰《梅苑》。所收清照詞詞目爲：〈孤雁兒〉（藤床紙帳朝眠起）、〈滿庭芳〉（小閣藏春）、〈玉樓春〉（紅酥肯放瓊苞碎）、〈漁家傲〉（雪裡已知春信至）、〈清平樂〉（年年雪裡）、〈殢人嬌〉（玉瘦香濃）。

建炎四年（一一三〇，庚戌）四十七歲

▲春，清照追隨帝踪流徙浙東一帶。〈後序〉：「到台，台守已遁。之剡，出睦，又棄衣被走黃巖，雇舟入海，奔行朝。時駐蹕章安，從御舟海道之溫，又之越。」

▲五月壬子，謝克家試工部尚書，徽猷閣待制李擢試給事中，宣教郎陳與義守兵部員外郎。《要錄》卷三十三

《陳與義集》卷二十五〈三月二十日聞德音寄呈李德升、席大光，新有召命，皆寓永州〉

詩。胡注：德升名擢，濟南人。卷二十六〈寄德升、大光〉詩中云：「君王優詔起羣公，也置樵夫尺一中。」注：時先生被召，以病辭免，作此寄李給事、席舍人。席大光名，席旦子，後官參知政事，時與李擢同在永州。

▲明誠幼妹攜孤遇陳與義於嶺右。

朱熹《朱文公文集》卷九十八〈傅自得行狀〉：「父察，故朝散郎吏部員外郎、贈徽猷閣待制、累贈少師、謚忠肅。妣趙氏，封清源郡太夫人、贈秦國夫人。……公諱自得，字安道。……生十年而忠肅公薨。……遭亂離，轉側兵間，遇父友故參知政事陳與義於嶺右。陳公奇愛之，坐之膝，撫其頂曰：『長必以文名天下。』傅自得撰《太夫人墓誌》：「先太夫人趙氏，崇寧宰相清憲公挺之之幼女，年十九，歸先待制府君。……自得九歲而孤……母攜孤南渡。」（林振禮〈趙明誠李清照與傅自得之關係小考〉，載《泉州師專學報》一九八六年第二期）

▲七月丁巳，申明元祐黨人子孫經所在自陳，盡還應得恩數。《要錄》卷三十五

時言者論元祐臣僚，雖屢經申令，尚未盡復官職恩數。餘官中程頤、晁補之、黃庭堅、張耒、李格非等，其姓名官職章章可見。乞予盡復官職贈謚，盡還致仕遺表恩例。但時方多故，亦未克舉行。按格非子李迒時已官敕局，其後格非可能已追官職恩數，但史無

記載耳。

▲九月戊申，金人立劉豫爲帝。《要錄》卷三十七

清照有詩斥之：「兩漢本繼紹，新室如贅疣，所以嵇中散，至死薄殷周。」

朱熹《游藝論》：「本朝婦人能文，只有李易安與魏夫人。李有詩，大略云：（略）中散非殷周得國，引之以比王莽。如此等語，豈婦人所能。」王世貞《藝苑卮言》：「所以嵇中散，至死薄殷周」，易安此語，雖涉議論，是佳境出宋人表。

▲十月，秦檜自楚州金營歸。《要錄》卷三十八

▲十一月丁未，秦檜試禮部尚書。《要錄》卷三十九

▲朝廷放散百官，十二月清照之衢。

《後序》：「庚戌十二月，放散百官，遂之衢。」《要錄》卷三十九：「建炎四年十一月壬子……詔放散行在百司，除侍從台諫官外，……餘令從便寄居，候春暖赴行在。」

▲朱熹生。王懋竑《朱子年譜考異附錄》

紹興元年（一一三一，辛亥）　四十八歲

▲三月，清照赴越，居鍾氏舍，一夕書畫被盜。

〈後序〉：「紹興辛亥春三月，復赴越。……有書畫硯墨可五七簏，更不忍置他所，常在臥榻下，手自開闔。在會稽，卜居土民鍾氏舍，忽一夕穴壁負五簏去，余悲慟不得活，重立賞收贖。後二日，鄰人鍾復皓出十八軸求賞，故知其盜不遠矣，萬計求之，其餘遂不可出。今知盡爲吳說運使賤價得之，所謂巋然獨存者，乃十去其七八。」

▲清照散失書畫，浙中故家往往得之。

元人袁桷《清容居士集》卷四十六〈跋定武禊帖不損本〉：「趙明誠本，前有李龍眠畫右軍像，後明誠親跋。明誠之妻李易安夫人避難奉化，其書畫散落，往往故家多得之。」全祖望《鮚埼亭集》外編卷二十三〈宋紹興學宮禊帖舊本紀〉：「趙侍郎明誠本，前有龍眠蜀紙右軍像，後有明誠跋。明誠夫人李易安寓吾鄉之奉化，故歸于史氏，有紹勳小印。」《鮚埼亭詩集》卷二〈李易安蘭亭嘆〉序：「前有龍眠所作右軍小像，毫髮無損。易安流寓奉化，遂歸史氏。宋亡，流轉入燕，是吾鄉蘭亭掌故也。京邸曾見之於宗室貝子齋中，谷林勸余以詩紀之。」據此，清照所失之帖，清乾隆時尚存，今已不知何在。

▲六月，詔諸路轉運司類省試，於帥臣部使者中，擇文學之臣領其事，廣東爲存誠。《要錄》卷四十五

▲八月戊辰，張守等上對修嘉祐、政和敕令格式，詔以《紹興重修敕令格式》爲名。

《容齋三筆》卷十六：「法令之書，其別有四：敕、令、格、式是也。神宗聖訓曰：禁於未然謂之敕，禁於已然謂之令；設於此以待彼之至，謂之格；設於此，以使彼效之，謂之式。」

▲清照弟宣義郎李迒轉一官。

《宋會要輯稿》刑法一之三五：「八月四日，參知政事提舉重修敕令張守等上紹興新敕一十二卷，令五十卷，格三十卷，式三十卷，目錄一十六卷，申明刑統及隨敕申命三卷，政和以後赦書德音一十五卷及看詳六百四卷……詔詳定官權工部侍郎韓肖胄落權字，同詳定大理卿王衣權刑部侍郎，見在所並已濟所刪定官宣教郎鮑廷祖、劉一止、曾糙，宣義郎李迒……各轉一官。」

九月甲午朔，給事中李擢罷爲顯謨閣待制，知嚴州；戊午，降充集英殿修撰。《要錄》卷四十七

紹興二年（一一三二，壬子）四十九歲。

▲春，清照赴杭。〈後序〉

▲三月甲寅，新進士張九成對策有「桂子飄香」之語，清照有句嘲之。

陸游《老學庵筆記》卷二：張子韶對策有「桂子飄香」之語。趙明誠妻李氏嘲之曰：「露花倒影柳三變，桂子飄香張九成。」按九成字子韶，號橫浦居士，錢塘人。紹興二年對策第一，有《橫浦先生文集》。其對策中有云：「陛下之心，臣得而知之。方當春陽晝敷，行宮別殿，花氣紛紛，想陛下念兩宮之在北邊，塵沙漠漠，不得共此融和也，其何安乎？盛夏之季，風窗水院，涼氣淒清，竊想陛下念兩宮之在北邊，鑾氈擁蔽，不得共此疏暢也，亦何安乎？澄江瀉練，夜桂飄香，陛下享此樂時，必曰西風淒勁，兩宮得無憂乎？」見《要錄》卷五十二。

▲八月丙寅，直秘閣主管江州太平觀趙思誠守起居郎。《要錄》卷五十七

▲九月己巳，集英殿修撰李擢復徽猷閣待制。《要錄》卷五十八

▲十一月二十三日，詔從泉州故相趙挺之家取國史實錄善本。《宋會要輯稿》崇儒四

按南渡後，明誠兄存誠、思誠家於泉州，《福建通志》卷五十二：「趙思誠，字道夫，高密人。父挺之，崇寧中宰相。思誠與兄存誠，相繼成進士，弟明誠亦有文學。建炎南渡，存誠帥廣東，與思誠謀移家所向，以泉南俗淳，乃自五羊抵泉，因家焉。思誠復以寶文閣待制守泉，明誠亦以集英殿修撰帥金陵。從弟濬、渙，皆成進士。渙任御史，以親黨皆在泉，亦從居焉。」

▲是年有清照再婚旋離異說。

《要錄》卷五十八，紹興二年九月戊午朔……右承奉郎監諸軍審計司張汝舟屬吏，以汝舟妻李氏訟其妄增舉數入官也。其後有司當汝舟私罪徒，詔除名，柳州編管。李氏，格非女，能爲歌詞，號易安居士。王灼《碧雞漫志》卷二：「易安居士，建康守趙明誠之妻。趙死後，再嫁某氏，訟而離之。」晁公武《郡齋讀書志》卷四下：「《李易安集》十二卷。右皇朝李氏，格非之女，先嫁趙明誠。然無檢操，晚節流散江湖間以卒。」洪适《隸釋》卷二十四〈跋趙明誠金石錄〉，謂紹興中其妻易安居士表上于朝。然趙君無嗣，李又更嫁。胡仔《苕溪漁隱叢話》前集卷六十，易安再適張汝舟，未幾反目，有啟事與綦處厚云：「猥以桑榆之晚景，配茲駔儈之下材。」傳者無不笑之。胡仔所云啟事全文見趙彥衛《雲麓漫鈔》卷十四。綦處厚，即綦崇禮，字叔厚，或作處厚，高密人。女嫁謝克家之孫、謝伋之子。

按清照晚年是否有再婚之事，後世學者頗有爭議。其事存在與否，本與清照人品無關。但封建士大夫往往據此譏其失節。清代學者盧見曾、俞正燮、陸心源、李慈銘等，皆以其事不可信。今人黃盛璋《李清照事跡考辨》（中華書局本《李清照集》）、王學初《李清照事跡編年》（人民文學出版社本《李清照集校註》）均主更嫁說，所據即前引宋代諸說。唐圭璋、黃墨谷等則辨其無。清人吳衡照《蓮子居詞話》曾謂，「宋人說部多載其事，大抵彼此衍襲，未可盡信。」大抵古今誣妄傳聞之事，往往有之，未必皆爲事實。以宋時史實爲例，歐陽修在世時曾兩遭誣陷。《宋史・歐陽修傳》曾記此二事：一、於是邪黨益忌修，因其孤甥張氏獄，傳致以罪，左遷知制誥，知滁州。二、濮議之爭，「惟蔣之奇之說合修意，修荐爲御史，衆目爲奸邪。之奇患之，則思所以自解。修婦弟薛宗孺有憾于修，造帷薄不根之謗摧辱之，展轉達于中丞彭思永，思永以告之奇，之奇即上章劾修。……帝使詰思永、之奇，問所從來，辭窮，皆坐黜。」按所謂孤甥張氏，乃歐陽修妹夫張龜正前妻之女，嫁修姪歐陽晟爲妻。後張女與人私通，下獄。歐陽修政敵借機窮治，欲據張氏供詞以陷歐陽修。第二件事，指薛宗孺僞造歐陽修與兒媳吳氏有曖昧之事。

紹興三年（一一三三，癸丑）　五十歲

▲正月壬午，起居郎趙思誠試中書舍人。《要錄》卷六十二

▲二月辛丑，詔：「廣東諸郡盜賊所過，被擄之家，捐其稅，從中書舍人趙思誠請。」《要錄》卷六十三

▲三月己未，中書舍人趙思誠請禁武臣添差之弊。

《要錄》卷六十三：「思誠言，州郡武臣添差一郡有三四十人者，貪污不法，民受其弊。望自惟忠義及有功勞於國之子孫，特加優卹者許添差外，餘並禁止。詔除宗室外，令吏部開目申尚書省。」

▲三月己巳，徽猷閣待制知平江府李擢試尚書工部侍郎。《要錄》卷六十三

▲四月丁未，李擢言平江民間利病五事。

《要錄》卷六十四：「丁未，工部侍郎李擢言，昨知平江府，所聞民間利病五事。東南有逃田，皆湖浸相連，塍岸久廢，無人耕墾者。且以平江言之，歲失租米四萬三千餘斛，願委官相視可以疏導耕墾者，招誘東北流徙之民，給本施工，與免三歲之租。其決不可施工者，監司復案，除其舊額。平江陷敵之民，所棄田之萬六千餘畝，多有舊佃戶主之。諸縣悉已立定租課，除常賦外，餘以三分爲率，一給佃戶，一以上供，一拘籍在官。俟其歸業，併田給還。二年不歸，即依戶絕法。今三年矣，陷敵之民豈不願歸，顧力未能脫耳，望且更展二三年以俟之。平江水鄉，不可植桑柘故祖宗舊法，無和預買絹帛。舊本府租米歲三十四萬餘斛，既取其所有，不責其所無。往因毛友陳請分臨安之數，抑令歲輸數萬匹，逮今累年，未嘗敢斂于民。今戶部裁定其數，乃欲始自今歲，使

之輸納，實可矜憫，惟睿斷盡罷之。平江去歲租米十六萬五千八百餘石，悉充上供，不許輒用。然兵食吏祿，月費七千餘石，所不可缺，望借撥漕司錢三二萬緡，造酒取贏，充收糴軍糧錢本。圭田多瘠薄，有司拘以舊籍，民已告病，願除其不可力耕之田，損其已定過多之額。後皆以次施行，惟和買如故。」

▲五月己未，中書舍人趙思誠充徽猷閣待制，提舉江州太平觀。

▲丁卯，尚書吏部侍郎韓肖胄爲端明殿學士、同簽書樞密院事，充大金軍前奉表通問使，給事中胡松年試工部尚書，充副使。《要錄》卷六十五

▲清照作〈上樞密韓公詩〉。

詩見趙彥衛《雲麓漫鈔》卷十四，詩前有序：「紹興癸丑五月，樞密韓公、工部尚書胡公使虜，通兩宮也。有易安室者，父祖皆出韓公門下。今家世淪替，子姓寒微，不敢望公之車塵。又貧病，但神明未衰落，見此大號令，不敢忘言，作古律詩各一章，以寄區區之意，以待采詩者云。」詩中有云：「嫠家父祖生齊魯，位下名高人比數。當時稷下縱談時，猶記人揮汗成雨。子孫南渡今幾年，漂流遂與流人伍。欲將血淚寄山河，去灑東山一坯土。」

按韓、胡五月受命，六月入辭，故清照詩序首云「紹興癸丑五月」，詩首句則云

「三年夏六月」。王學初《李清照集校註》謂二者必有一誤，非是。

▲七月己未，用工部侍郎李擢奏，置博學宏詞科。《要錄》卷六十七

▲九月十一日，謝克家跋明誠舊藏《蔡襄謝御賜書詩卷》。《蔡襄進謝御賜書詩卷》影印本跋云：「姨弟趙德夫，昔年屢以相示，今下世未幾，已不能葆有之，覽之悽然。汝南謝克家，癸丑九月十一日臨安法惠寺。」此跋後又有一跋云：「舅家物，藏之久矣，今得觀於檇李，良可嘆也。己丑四月三日，崧謹識。」此跋之崧，似亦為明誠之姻親，已知明誠有姐妹四人，長歸史氏，一歸營丘王師敏；兩妹一歸李擢，一歸傅察。擢二子，益謙、益能。察三子：自強、自得、自修。史、王後人未詳。法惠寺，在臨安，紹興三年二月以為同文館，備接待高麗使人，而使人不至。四年正月戊午，以為秘書省。《要錄》卷六十三、七十二。

▲十月戊子，李擢試禮部尚書。壬寅，以徽猷閣直學士知婺州（今浙江金華）。《要錄》卷六十九

▲乙亥，謝克家知台州，尋改衢州。《要錄》卷七十一

紹興四年（一一三四，甲寅）五十一歲

▲三月己巳，詔戚里之家應造進酒者，許以所在州公庫或官務寄造，爲賓祭之用，歲毋過三十石，以謝克家請也。

《要錄》卷七十四，時親衛大夫寧州觀察使韋淵奉祠居衢州，奉乞甕酒，上弗從，有司弗能禁。郡守謝克家請于朝，故有是命。

▲五月庚戌朔，徽猷閣待制知溫州趙思誠，試中書舍人。《要錄》卷七十六

▲六月二十七日，詔今歲科舉權免差知縣、縣令充諸郡考試官，從知婺州李擢請。《宋會要輯稿》選舉二〇之三四

▲七月戊午，謝克家卒于衢州。《要錄》卷七十八

《嘉定赤城志》卷三十四：謝克家「吏治精明，人不敢犯。先是爲諫議大夫，言蔡京事甚力，又明元祐黨籍之枉，公論韙之。後參知政事，以資政殿學士知衢州，終于衢。遺命以朱邑事爲比，俾葬黄岩靈石山，子孫家焉。」朱邑，西漢人，爲桐鄉吏，有政績。將卒，囑爲葬桐鄉，云：「我爲桐鄉吏，其民愛我。」卒葬其地，民爲立祠。見《漢書·朱邑傳》。

▲謝克家知衢日，張浚有書通候。

《朱文公文集》卷八十三〈書張魏公與謝參政書〉載其書：「浚再拜。曩以急于祿養，未及

盡心於學，茲緣罷退，初欲託庇之衢，庶有承教之便，比又恭領處分，俾居福唐，失此依賴，殊用慊然。差人種種，悉荷留意，尤所感激。浚再拜。」按《宋史．高宗紀》，紹興四年三月，知樞密院事張浚罷爲資政殿大學士，提舉臨安府洞霄宮。未幾，謫福州居住。浚書與《宋史》所載合。

▲八月己亥，趙思誠復爲徽猷閣待制知台州。

《要錄》卷七十六，五月癸亥，殿中侍御史常同上言，思誠除中書舍人不當，謂思誠爲挺之子，挺之首陳紹述，實致國禍，且與京、黼同時執政，豈可使其子居言路。同書卷七十九，思誠既爲常同所劾，抗疏力辭，而有是命。

▲呂頤浩有書致思誠。

呂氏致書云：「向台旆在泉南，使人回上狀幸塵視未？永嘉下車之初，嘗蒙枉教，聞掖垣之召。因本州急促往婺州，持書令前路投納，繼而收德升書，知此書不獲通呈，諒蒙昭察。近時士大夫力辭侍從之召者，百無一二，豈意難進易退之風，前輩高節，今日復見，第增欽仰。丹邱小邦，不足煩施設，然民淳事簡，軍糧可以足用，地僻少過客，永嘉所不逮也。」（《忠穆集》卷六〈與趙道夫書〉）所云「力辭侍從之召」，當指思誠辭中書舍人事。丹邱，指台州。州境內有丹邱，在寧海縣南九十里近獅山。孫綽〈天台山賦〉：「訪羽人於丹丘，尋不死之福庭。」

▲清照作〈金石錄後序〉，悼舊物之不存，傷遭遇之不幸。

〈後序〉云：「右《金石錄》三十卷者何？趙侯德父所著書也。取上自五代，下迄五季，鍾鼎甗鬲盤彝尊敦之款識，豐碑、大碣，顯人晦士之事跡，凡見于金石刻者二千卷，皆是正僞謬，去取褒貶，上足以合聖人之道，下足以訂史氏之失，皆載之，可謂多矣。」又云：「舍建中辛巳，始歸趙氏。」又云：「今日忽見此書，如見故人。因憶侯在東萊靜治堂，裝卷初就，芸籤縹帶，束十卷作一帙。

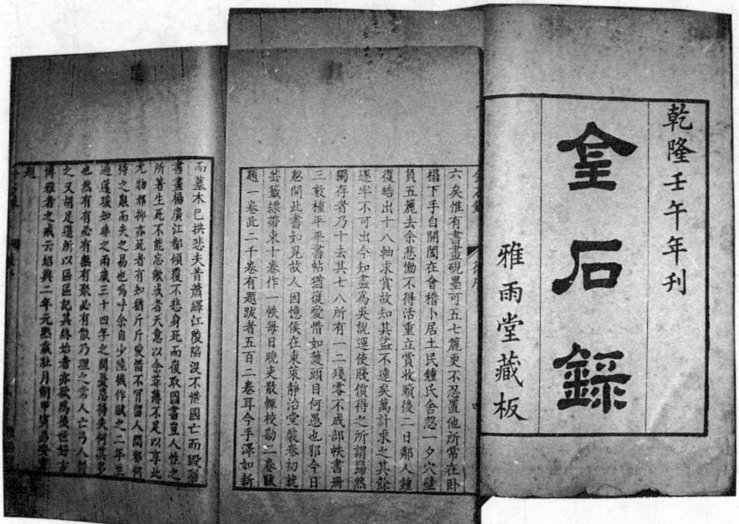

雅雨堂本《金石錄》及李清照後序

每日晚吏散輒校勘二卷，跋題一卷。此二千卷有題跋者五百二卷耳。今手澤如新，而墓木已拱矣，悲夫！」又云：「余自少陸機作賦之二年，至過蘧瑗知非之兩歲，三十四年間，憂患得失，何其多也。」

洪邁《容齋四筆》卷五：「東武趙明誠德甫，清憲丞相中子也，著《金石錄》三十卷……凡爲卷二千。其妻易安李居士，平生與之同志，趙沒後，愍悼舊物之不存，乃作舊序，極道遭罹變故本末。今龍舒齋庫刻其書，而此序不見取。比獲見原藁于王順伯，因撮述大概。……時紹興四年也，易安五十二矣。」

按〈後序〉所題作序年月，傳世各本《金石錄》皆作紹興二年。惟洪邁《容齋四筆》及明抄本《說郛》所收《瑞桂堂暇錄》所載〈後序〉作紹興四年。以序中易安「予以建中辛巳始歸趙氏」、「余自少陸機作賦之二年，過蘧瑗知非之兩歲，三十四年之間，憂患得失何其多也」等語考之，當以紹興四年爲是。杜甫〈醉歌行〉：「陸機二十作文賦。」《淮南子．原道訓》：「故蘧伯玉年五十而知四十九年之非。」易安年十八歸趙氏，至紹興四年恰爲三十四年，故紹興二年當誤。

▲八月二十七日，知婺州李擢上言，今歲應辦大禮錢帛。《宋會要輯稿》選舉卷二十之四

▲九月，金及僞齊合兵來犯。十月丙子朔，帝與趙鼎決策親征。《宋史．高宗紀》

▲清照避亂金華，過嚴灘，有詩。至金華，卜居陳氏第。《打馬圖．序》：「今年十月朔，聞淮上警報，江浙之人，自東走西，自南走北，居山林者謀入城市，居城市者謀入山林，旁午絡繹，莫不失所。易安居士自臨安泝流，涉嚴灘之險，抵金華，卜居陳氏第。」按嚴灘在浙江桐廬富春江畔，相傳爲東漢嚴光釣魚處。富春山上有東西兩台，傳爲嚴光釣魚台。清照〈夜發嚴灘〉詩，見《釣台集》卷下。

▲十一月二十四日，成《打馬圖經》，命兒輩圖之。《打馬圖．序》

▲又作〈打馬賦〉。

賦載《打馬圖經》。其最後云：「平生不負，遂成劍閣之師；別墅未輸，已破淮淝之賊。今日豈無元子，明時不乏安石。又何必陶長沙博局之投，正當師袁彥道布帽之擲也。亂曰：佛貍定見卯年死，貴賤紛紛尚流涉。滿眼驊騮雜騄駬，時危安得真致此。老矣不復志千里，但願將相過淮水。」易安此賦雖爲遊戲文字，而語涉時事。劍閣之師，指桓溫取蜀事，元子即桓溫字。別墅未輸，已破淮淝之賊，指東晉謝安，以劣勢兵力，大破苻堅百萬之衆。安石，乃謝安字。按是月李綱上禦敵三策，亦有「昔苻堅以百萬衆侵晉，而謝安以偏師破之」等語。

▲十二月庚子，金人退師。

《要錄》卷八十三：「時金師爲韓世忠所扼，會大雨雪，糧道不通，野無所掠，至殺馬而食，番漢軍皆怨憤，復聞金主病危，慮有內變，金將遂引兵還，劉豫軍亦遁。」

紹興五年（一一三五，乙卯）五十二歲

▲正月，金太宗死，熙宗立。《續通鑑》卷一百十五

▲二月，高宗還臨安。《宋史·高宗紀》

▲春，清照在金華，有《武陵春》詞。

詞云：「風住塵香花已盡，日晚倦梳頭。物是人非事事休，欲語淚先流。　聞道雙溪春尚好，也擬泛輕舟。只恐雙溪舴艋舟，載不動許多愁。」

雙溪，金華名勝。《浙江通志》卷十七〈山川〉九引《名勝志》：「雙溪在城南，一曰東港，一曰南港。東港源出東陽縣大盆山，經義烏西行人縣境，又匯慈谿白溪、玉泉溪、坦溪、赤松溪，經石碕岩下，與南港合。南港源出縉雲黃碧山，經永康、義烏入縣境。又合松溪、梅溪水，繞屏山西北行，與東港會于城下，故名。」

▲又題八詠樓，慨江山之難守。

清照〈題八詠樓詩〉：「千古風流八詠樓，江山留與後人愁。水通南國三千里，氣壓江城

十四州。」見《方輿勝覽》卷七。八詠樓與雙溪同爲金華名勝。唐人嚴維〈送人入金華〉：「明月雙溪水，清風八詠樓，少年爲客處，今日送君遊。」樓爲南齊隆昌時太守沈約所建，原名元暢樓。沈約有〈登元暢樓〉詩：「登樓望秋月，會圃臨春風。歲暮愍衰草，霜來悲落桐。夕行聞夜鶴，晨征聽曉鴻。解珮去朝市，被褐守山東。」又以此詩每一句作爲一首長詩的首句，衍成八首長詩，題作〈元暢樓八詠〉。宋至道時，馮伉守婺州，遂據以改稱八詠樓（《方輿勝覽》卷七）。清照此詩實有慨於宋室之不振，故有「江山留與後人愁」之句。此後一百四十三年，宋爲元所滅。

▲四月甲子，徽宗死于五國城（今黑龍江省依蘭）。《宋史．徽宗紀》

▲五月，清照在金華，詔於其家取《哲宗實錄》。

《宋會要輯稿》崇儒四：「五年五月三日，詔令婺州取索故直龍圖閣趙明誠家藏《哲宗皇帝實錄》繳進。」《建炎以來朝野雜記》甲集卷四，謂是書得於故相趙挺之家。按紹興二年曾詔令於泉州故相趙挺之家取國史實錄善本，至是乃於清照處得《哲宗實錄》。《宋會要輯稿》云「令婺州取索」，與清照行蹤合。又按趙挺之嘗任哲宗實錄修撰，故家有此書。

▲十二月辛亥，右迪功郎朱敦儒，賜進士出身，守秘書省正字。《要錄》卷九十六。

▲朱敦儒有〈鵲橋仙〉詞和李易安〈金魚池蓮〉：「白鷗欲下，金魚不去，圓葉低開蕙帳。輕風露冷夜深時，獨自個、淩波直上。　幽蘭共晚，明璫難寄，塵世教誰將傍。會尋織女趁靈槎，泛舊路、銀河萬丈。」。（《樵歌》卷上）《宋史．朱敦儒傳》，朱敦儒，字希真，河南人。紹興二年，宣瑜使言其深達治體，有經世才，詔爲右迪功郎，未赴。後以故人勸，乃應召。既至，命對便殿，上悅，賜進士出身。其和清照詞，不知作于何年，清照原詞已佚。

紹興六年（一一三六，丙辰）五十三歲

▲正月癸酉，命給事中、中書舍人甄別元祐黨籍。《宋史．高宗紀》

▲是年宋與金及僞齊，屢有戰事。九月，劉豫以三十萬兵分道入侵，十月，被擊退。《宋史．高宗紀》

紹興七年（一一三七，丁巳）五十四歲

▲八月己未，徽猷閣待制、提舉江州太平觀趙思誠爲中書舍人。《要錄》卷一一五

▲思誠上疏請革任子之弊。

《宋史》卷一五九〈選舉〉五：（紹興）七年，中書舍人趙思誠言：「孤寒之士，名在選部，皆待數年之闕，大率十年不得一任。今親祠之歲，任子約四千人，是十年之後增萬二千員，科舉取士不與焉。將見寒士有三十年不得調者矣。祖宗時，仕至卿、監者，皆實以年勞、功績得之，年必六十，身不過得恩澤五六人。厥後私謁行，橫恩廣，有年未二十而官至大夫者，員數比祖宗時不知其幾倍，而恩例未嘗少損。有一人而任子十餘者。此而不革，實蠹政事，望議革其弊。」

▲十月丁未，中書舍人趙思誠，充寶文閣待制，知南劍州。《要錄》卷一一五

▲十一月丁未，金人廢劉豫。《宋史．高宗紀》

紹興八年（一一三八，戊午）　五十五歲

▲三月十五日，張琰序李格非《洛陽名園記》。序言：「山東李文叔記洛陽名園，凡十有九處，……文叔方洛陽盛時，足跡目力心思之所及，亦遠見高覽，知今日之禍，曰：『洛陽可以爲天下治亂之候。』又曰：『公卿高進于朝，放乎一己之私意，忘天下之治急。』，嗚呼！可謂知言哉！文叔在元祐官太學。丁建中靖國再用邪朋，竄爲黨人。女適趙相挺之子，亦能詩，上趙相救其父云：『何況人間父子情。』識者哀之。」

▲是歲，秦檜復相，力主和議。十一月，詔金國使來盡割河南、陝西故地，通好于我，許還梓宮及母兄親族。《宋史·高宗紀》

紹興九年（一一三九，己未）　五十六歲

▲正月，宋金和議成。《續通鑑》卷一二一

▲三月乙未，少保、鎮南軍節度使、醴泉觀使、成國公呂頤浩，退老台州。《要錄》卷一二七李擢、趙思誠有〈題呂頤浩退老堂詩〉，見《天台續集》別集卷一。頤浩字元直，其先樂陵人，徙齊州。建炎時爲宰相。有文集《忠穆集》。其卷六有〈與李德升書〉：「寄惠佳什，佩荷桑梓之意，輒依韵和呈。浙東今歲大熟，茲可爲慶。湖湘舊號卑濕，緣兵火後，四向未有人煙，通風地乾，比之丹邱，極高燥，老者尤便。但欲歸，興不可遏。惟速與德升尋雞黍之約爲樂耳。」頤浩紹興五年知潭州，此書乃作于潭州。德升，李擢字，濟南歷城人，與頤浩有桑梓之誼。

紹興十年（一一四〇，庚申）　五十七歲

▲五月十一日，辛棄疾生。辛啟泰《稼軒先生年譜》

辛棄疾《稼軒詞》甲集有〈博山道中效李易安體・醜奴兒〉一首。

▲是年五月，金人敗盟，復取陝西、河南地。宋將劉錡、吳璘、岳飛、韓世宗等，屢挫金軍。七月，兵飛克兩京，連敗金兵於郾城、朱仙鎮。高宗聽秦檜言，詔岳飛班師，收復諸城復失。《宋史・高宗紀》

▲李綱是年正月卒。《宋史・李綱傳》

紹興十一年（一一四一，辛酉）　五十八歲

▲十一月，宋金和議成。

▲十二月癸巳，岳飛被殺。《宋史・高宗紀》

紹興十二年（一一四二，壬戌）　五十九歲

▲二月，宋進誓表於金，割地稱臣。金許還帝母韋氏，徽宗梓宮。《續通鑑》卷一二五

紹興十三年（一一四三，癸亥）　六十歲

▲立春，學士院進皇帝、皇后、貴妃閤春帖子。

宋時故事，立春及端午，學士院前一月撰皇帝、皇后、夫人閤門帖子，送後苑作院，用羅帛製造，及期進入。事見陳靚《歲時廣記》引《皇朝歲時雜記》。此事南渡後久廢，至紹興十三年立春復見行，見《要錄》卷一百四十八。

▲清照撰《貴妃閣春帖子》詞。

詞曰：「金環半後禮，鉤弋比昭陽，春生百子帳，喜入萬年觴。」（《詩女史》卷十一）

按《宋史．后妃傳》，高宗吳皇后，紹興十三年閏四月自貴妃立爲皇后，其後宮中無貴妃。由此知清照此帖當爲紹興十三年立春前爲吳貴妃所作。

▲四月，清照在臨安，撰〈端午帖子詞〉。

周密《浩然齋雜談》卷上：「李易安，紹興癸亥在行都，有親聯爲命婦者，因端午進帖子，皇帝閤曰：『日月堯天大，璿璣舜歷長，側聞行殿帳，多集上書囊。』；皇后閤曰：『意帖初宜多，金駒已過蠶，至尊千萬壽，行見百斯男。』；夫人閤曰：「三宮催解粽，妝罷未天明，便面天題字，歌頭御賜名。』時秦楚材在翰林，惡之，止賜金帛而罷。秦梓，字楚材，秦檜之兄，時爲翰林學士。」

▲清照表上《金石錄》。

洪适《金石錄．跋》，趙氏《金石錄》三十卷，「紹興中，其妻易安居士李清照表上之」。

所云紹興中爲何年，不可知，姑附于是年。是書南宋時有孝宗淳熙時龍舒郡齋刻本，及開禧元年刻本。龍舒郡齋本，南京津逮樓甘氏藏有一本，今歸北京圖書館，有中華書局影印本。開禧本後有趙師厚一跋：「趙德甫所著《金石錄》，鋟版於龍舒郡齋久矣，尚多脫誤。茲幸假守獲睹其所親鈔於邦人張懷祖知縣，既得郡文學山陰王君玉是正。且惜夫易安之跋不附焉，因刻以殿之，用慰德父之望，亦以遂易安之志云。開禧改元上巳日，浚儀趙不讛師厚父。」

紹興十四年（一一四四，甲子）　六十一歲

▲六月，薛尚功《歷代鍾鼎彝器款識法帖》刻成，置于江州公庫。曾宏父《石刻鋪敘》

是書收古器物銘五百一十一則，引明誠《古器物銘》多處。

紹興十六年（一一四六，丙寅）　六十三歲

▲正月十五，曾慥《樂府雅詞》成。見作者自序。

是書收清照二十二首：〈南歌子〉（天上星河轉）、〈轉調滿庭芳〉（芳草池塘）、〈漁家傲〉（天接雲濤連曉霧）、〈如夢令〉（常記溪亭日晚）、〈如夢令〉（昨夜風疏雨驟）、

〈多麗〉（小樓寒）、〈菩薩蠻〉（歸鴻聲斷殘雲碧）、〈又〉（風柔日落春猶早）、〈浣溪沙〉二首（莫許杯深琥珀濃、小院閑窗春色深）、〈鳳凰台上憶吹簫〉（香冷金猊）、〈一剪梅〉（紅藕香殘玉簟秋）、〈蝶戀花〉二首（淚洗羅衣脂粉滿、暖雨晴風初破凍）、〈鷓鴣天〉（寒日蕭蕭上鎖窗）、〈小重天〉（春到長門春草青）、〈怨王孫〉（湖上風來波浩渺）、〈臨江仙〉（庭院深深深幾許）、〈醉花陰〉（薄霧濃雲愁永晝）、〈好事近〉（風定落花深）、〈訴衷情〉（夜來沈醉缺妝遲）、〈行香子〉（草際鳴蛩）。

▲八月中秋，姚宏重校《戰國策》，載李格非〈書戰國策後〉。叢書集成本《戰國策》

紹興十七年（一一四七，丁卯）　六十四歲

▲五月辛卯，寶文閣待制、提舉江州太平觀趙思誠卒。《要錄》卷一六五

李彌遜《筠溪集》卷二十〈祭趙道夫待制文〉：「惟公少篤於學，老篤于行。慈仁之言入於人心，靖退之節根於天性。泛然與物而能同，確乎臨事而不諍。十年掛冠，致安車之聘；兩居詞掖，席未暇暖而生疾，四易郡牧之符，政教行於不令。……公之生也，有德有年，有子而賢，有經可遺，有業可傳。」思誠子，不知其名。《夷堅志》乙集卷載，挺之一孫名恬。樓鑰《攻媿集》卷七十〈跋趙清憲公遺事〉載，挺之另一孫名誼。是否爲思誠

子，不可考。思誠女，嫁參知政事李邴子縝。見朱熹《朱文公文集》卷八十二〈故朝請大夫李公墓誌銘〉。李邴字漢志，鉅野人。南渡後官參知政事，女嫁明誠妹婿傅察子傅自得。（《朱文公文集》卷九十八〈傅自得行狀〉）

▲除日，孟元老《東京夢華錄》成，見作者自序。

▲清照懷京洛往事，嘗有〈永遇樂〉詞。

張端義《貴耳集》卷上：易安居士李氏，……南渡以來，常懷京洛舊事。晚年賦〈元宵．永遇樂〉……。按易安此詞全文爲：「落日鎔金，暮雲合璧，人在何處？染柳煙濃，吹梅笛怨，春意知幾許。元宵佳節，融和天氣，次第豈無風雨。來相召，香車寶馬，謝他酒朋詩侶。中州盛日，閨門多暇，記得偏重三五，鋪翠冠兒，撚金雪柳，簇帶爭濟楚。如今憔悴，風鬟霜鬢，怕見夜間出去。不如向，簾兒底下，聽人笑語。」靖康之變，中原人士流離江南，每多故國鄉關之思，易安感慨尤深。〈永遇樂〉作于何年，不可知，姑附于是年。

紹興二十年（一一五〇，庚午）　六十七歲

▲清照訪米友仁求爲米芾帖題跋。

米友仁爲題〈靈峯行記〉、〈壽時宰詞〉二帖。題〈靈峯行記〉云：「易安居士一日攜前人墨跡臨顧，中有先人留題，拜觀不勝感泣。先子尋常爲字，但乘興爲之。今之數字，可比黃金千兩耳。呵呵！敷文閣直學士、右朝請大夫、提舉佑神觀米友仁謹跋。」其後岳珂題云，「寶慶丙戌秋得之京口，故藏易安室，有元暉跋語。」（《寶晉齋法書贊》卷十九）友仁題〈壽時宰詞〉：「先生真跡也。昔唐李義府出門下典儀，宰相屢荐之。太宗召試講武殿，賜坐，而殿側有烏數枚集之，上令作詩詠之。先子因暇日偶寫，今不見四十年矣。易安居士求跋，謹以書之。敷文閣直學士、右朝請大夫、提舉佑神觀米友仁謹跋。」（《寶晉齋法書贊》卷二十）

按《要錄》卷一百五十八，紹興十九年四月，米友仁由敷文閣待制升敷文閣直學士。卷一百六十二，紹興二十一年正月庚子，敷文閣直學士、提舉佑神觀米友仁卒。可見，清照求跋當在紹興十九年四月以後，二十一年正月以前這一年多時間內。但確切年月不能定，姑附于是年。

紹興二十三年（一一五三，癸酉） 七十歲

▲七月戊戌，命台州於謝伋家取秦檜罷相御筆。

《宋史．秦檜傳》：「二十三年，檜請下台州於謝伋家取綦崇禮所受御筆繳進。檜初罷相，上有責檜語，欲泯其跡焉。」秦檜上高宗箚子，見《宋宰輔編年錄》卷十六。秦檜謂：今崇禮已死，無子，獨有女嫁謝克家之孫、謝伋之子。若不收拾所降御筆復歸天府，則萬世之後，忠逆不分云云。

▲十二月乙亥，寶文閣學士、提舉江州太平興國宮李擢卒。《要錄》卷一六五

《嘉定赤城志》：「李擢，奉符人，字德升，元符三年中第，官至禮部尚書、徽猷閣直學士。紹興初，寓臨海，事見國史。子益謙，吏部侍郎，益能，宗正丞」。按李擢歷城人，志誤。李擢能詩，綦崇禮《北海集》卷一，涉及李擢其人的詩，凡十一首，多稱其爲德升尚書。《天台續集》別編載李詩十七首。其〈次韻洪成季寧川即事〉詩五首之二云：「對面隔九嶷，毀言若深矛，誰能知許事，默坐心自休。」〈上元夜坐再用成季韻戲作五首〉第一首云：「邊塵暗鄉縣，舊夢迷舊廬，殊方今老矣，吾道固非歟。」其二云：「世豈無士季，厭見戟與矛，何與從表聖，築亭賦休休。」可見其晚年心境。另有二詩題爲〈次韻二首〉：近聞金人退師，遣使講好，則太后將歸，以慰聖孝之心，天下共慶，喜見乎詞〉。按紹興八年十二月，金使來，許議和，還皇太后韋氏，詩當作於此時。李擢靖康時即主和議，晚年仍復如此。

紹興二十五年（一一五五，乙亥）　七十二歲

▲清照欲以其學傳孫氏女，不果。

陸游《夫人孫氏墓誌銘》：「夫人幼有淑質，故趙建康之配李氏，以文辭名家，欲以其學傳夫人，時夫人始十餘歲，謝不可，曰才藻非女子事。」（《渭南文集》卷四十五）就墓誌所云，其時清照雖已年邁，但仍甚健康，尚欲以其學傳人。誌文云孫氏卒于紹熙四年，年五十四，生于紹興十一年，其辭謝清照時，當不少於十五歲，由此推之，清照七十二歲仍健在。

紹興二十六年（一一五六，丙子）　七十三歲

▲六月，欽宗死於金之五國城。（《宋史·欽宗紀》）

▲八月二十二日，朱熹作《家藏石刻序》，謂明誠《金石錄》，大略如歐陽子書，然詮敘益條理，考證益精博。（《朱文公文集》卷七十五）

▲李清照卒。

清照卒年，文籍無載，但七十二歲似尚健在，則其卒年不應早于七十三歲。

清照詩、詞、文章，生前已廣爲流傳。作品集見於宋人著錄者：《李易安文集》十二卷

（晁公武《郡齋讀書志》卷四下），《漱玉集》一卷，別本五卷（陳振孫《直齋書錄解題》卷二十一），《漱玉集》三卷（黃昇《唐宋諸賢絕妙詞選》卷十）。《宋史・藝文志》所載爲《易安居士文集》七卷，《易安詞》六卷。各本俱已不傳。今存詩、文、詞，皆爲後人輯本。

附近世有關李清照的紀念事項數則

一九五九年，濟南建李清照紀念堂。

堂在濟南趵突泉公園，堂前有漱玉泉，郭沫若題額。堂址舊爲清末丁寶禎祠。

一九六二年，中華書局出版《李清照集》。

是書收清照詞四十四首，附存疑者三十五首，逸句二則；詩十五首，逸句五則；文賦五篇，斷章一則；並收《馬戲圖譜》、《打馬圖經》。參考資料收有傳記、軼事、書錄、序跋及黃盛璋所撰《趙明誠李清照夫婦年譜》、《李清照事跡考辨》。

一九七九年，人民文學出版社出版王學初《李清照集校註》。

是書對李清照詞、詩、文，包括殘篇斷句或尚有爭議的作品，均已輯入，是收集比較詳備的一個集子；前人對清照作品和爲人的評論等，也都盡量採入；其中王學初《李清照事跡編年》比較詳備，是前人所作李清照年譜中最充實的一種。

一九八〇年，濟南市重建李清照紀念堂。

是年濟南市博物館在章丘縣明水鎮西廉坡村，得李格非〈廉先生序碑〉殘石。

一九八一年，齊魯書社出版《重輯李清照集》。

一九八四年，李清照誕生九百周年。

李清照學術討論會在濟南舉行。

濟南李清照紀念堂

附錄一

金石錄後序

李清照

右《金石錄》三十卷者何？趙侯德甫所著書也。取上自三代，下迄五季，鐘、鼎、甗、鬲、盤、匜、尊、敦之款識，豐碑大碣、顯人、晦士之事跡，凡見於金石刻者二千卷，皆是正譌謬，去取褒貶；上足以合聖人之道，下足以訂史氏之失者皆載之，可謂多矣。嗚呼！自王涯、元載之禍，書畫與胡椒無異；長輿、元凱之病，錢癖與傳癖何殊？名雖不同，其惑一也！余建中辛巳，始歸趙氏。時先君作禮部員外郎，丞相作吏部侍郎；侯年二十一，在太學作學生。趙李族寒素貧儉，每朔望謁告出，質衣取半千錢，步入相國寺，市碑文果實歸，相對展玩咀嚼，自謂葛天氏之民也。後二年，出仕宦，便有飯蔬衣綀，窮遐方絕域，盡天下古文奇字之志。日就月將，漸益堆積。丞相居政府，親舊或在館閣，多有亡詩、逸史，魯壁、汲冢所未見之書，遂盡力傳寫；浸覺有味，不能自已！後或見古今名人書畫，三代奇器，亦復脫衣市易。嘗記崇寧間，有人持徐熙〈牡丹圖〉求錢二十萬。當時雖貴家子弟，求二十萬錢，豈易得耶？留信宿，計無所出而還之，夫婦相向惋悵者數日！後屏居鄉里十年，仰取俯拾，衣食有餘。連守兩郡，竭其俸入以事鉛槧。每獲一書，即同共校勘，整集籤題，得書、畫、彝、鼎，亦摩玩舒卷，指摘疵病，夜盡一燭爲率。故能紙札精緻，字畫完整，冠諸收書家。余性偶強記，每飯罷，坐歸來堂烹茶，指堆積書史，言某事在某書某卷第幾頁第幾行，以中否決勝負，爲飲茶先後。中，即舉杯大笑，至茶傾覆杯中，反不得飲而起。甘心老是鄉矣！故雖處憂患困窮，而志不屈。收書既成，歸來堂起書庫大櫥，簿甲乙，置書册。如要講讀，即請鑰上簿，關出卷帙，或少損汚，必懲責揩完塗改，不復向時之坦夷也。是欲求適意，而反取憀慄！余性不耐，始謀食去重肉，衣去重彩，首無明珠翡翠之飾，室無塗金刺繡之具。遇書史百家，字不刓闕、本不譌謬者，輒市之，儲作副本。自來家傳《周易》、《左氏傳》，故兩家者流，文字最備。於是幾几案羅列枕籍，意會心謀，目往神授，樂在聲色狗馬之上。至靖康丙午歲，侯守淄川，聞金人犯京師，四顧茫然，盈箱溢篋，且戀戀，且悵悵，知其必不爲己物矣。建炎丁未春三月，奔太夫人喪南來，既長物不能盡載，迺先去書之重大印本者，又去畫之多幅者，又去古器之無款識者，後又去書之監本者，畫之平常者，器之重大者。凡屢減去，尚載書十五車。至東海，連艫渡淮，又渡江，至建康。青州故第，尚鎖書册什物，用屋十餘間，期明年春再具舟載之。十二月，金人陷青州，凡所謂十餘屋者，已皆爲煨燼矣。建炎戊申秋九月，侯起復知建康府。己酉春三月罷，具舟上蕪湖，入姑熟，將卜居贛水上。夏五月，至池陽，被旨知湖州，過闕上殿。遂駐家池陽，獨赴召。六月十三日，始負擔捨舟，坐岸上，葛衣岸巾，精神如虎，目光爛爛射人，望舟中告別。余意甚惡，呼曰：「如傳聞城中緩急，奈何？」戟手遙應曰：「從眾。必不得已，先去輜重，次衣被，次書冊卷軸，次古器，獨所謂宗器者，可自負抱，與身俱存亡，勿忘也。」遂馳馬去。塗中奔馳，冒大暑感疾，至行在，病痁。七月末，書報臥病，余驚怛！念侯性素急，奈何病痁？或熱必服寒藥，疾可憂。遂解舟下，一日夜行三百里。比至，果大服茈胡、黃芩藥，瘧且痢，病危在膏肓。余悲泣倉皇，不忍問後事。八月十八日，遂不起，取筆作詩，絕筆而終，殊無分香賣履之意。葬畢，余無所之。朝廷已分遣六宮，又傳江當禁渡。時猶有書二萬卷，金石刻二千卷，器皿茵褥，可待百客，他長物稱是。余又大病，僅存喘息，時勢日迫，念侯有妹婿任兵部侍郎，從衛在洪州，遂遣二故吏，先部送行李往投之。冬十二月，金人陷洪州，遂盡委棄，所謂連艫渡江之書，又散爲雲煙矣！獨餘少輕小卷軸書帖，寫本李、杜、韓、柳集，《世說》、《鹽鐵論》，漢唐石刻副本數十軸，三代鼎鼐十數事，南唐寫本書數篋，偶病中把玩，搬在臥內者，巋然獨存。上江既不可往，又虜勢叵測，有弟迒，任勅局刪定官，遂往依之。到台，台守已遁，之剡，出睦，又棄衣被走黃岩，雇舟入海，奔行朝。時駐蹕章安，從御舟海道之溫，又之越。庚戌十二月，放散百官，遂之衢。紹興辛亥春三月，復赴越。壬子，又赴杭。先侯疾亟時，有張飛卿學士，攜玉壺過視侯，便攜去，其實珉也。不知何人傳道，遂妄言有頒金之語，或傳亦有密論列者。余大惶怖，不敢言，亦不敢遂已，盡將家中所有銅器等物，欲赴外廷投進。到越，已移幸四明，不敢留家中，並寫本書寄剡。後官兵收叛卒，取去，聞盡入故李將軍家，所謂巋然獨存者，無慮十去五六矣！惟有書、畫、硯、墨，可五七簏，更不忍置他所，常在臥榻下，手自開闔。在會稽，卜居土民鍾氏舍。忽一夕，穴壁負五簏去，余悲慟不已，重立賞收贖。後二日，鄰人鍾復皓出十八軸求賞，故知其盜不遠矣。萬計求之，其餘遂牢不可出，今知盡爲吳說運使賤價得之，所謂巋然獨存者，乃十去其七八！所有一二殘零，不成部帙書册三數種，平平書帖，猶復愛惜如護頭目，何愚也耶？今日忽開此書，如見故人，因憶侯在東萊靜治堂，裝卷初就，芸籤縹帶，束十卷作一帙，每日晚吏散，輒校勘二卷，跋題一卷。此二千卷，有題跋者五百二卷耳。今手澤如新，而墓木已拱。悲夫！昔蕭繹江陵陷沒，不惜國亡而毀裂書畫；楊廣江都傾覆，不悲身死，而復取圖書。豈人性之所著，生死不能忘歟？或者天意以余菲薄，不足以享此尤物耶？抑亦死者有知，猶斤斤愛惜，不肯留人間耶？何得之艱而失之易也。嗚呼！余自少陸機作賦之二年，至過蘧瑗知非之兩歲，三十四年之間，憂患得失，何其多也！然有有必有無，有聚必有散，乃理之常，人亡弓，人得之，又胡足道？所以區區記其終始者，亦欲爲後世好古博雅者之戒云。紹興二年玄黓歲壯月朔甲寅，易安室題。

附錄二

金石志趣　學人風範

——略談趙明誠李清照夫婦的學術生涯

于中航

一代詞人李清照和她的丈夫趙明誠，是我國古代文化學術史上的雙星。他們一生熱愛文物，好學不倦，耗盡心血致力於文化典籍、金石文字、古器書畫的收藏、整理和研究，在金石學著錄、文獻考訂方面，做出了非凡業績。《金石錄》一書，就是他們夫婦多年辛勤勞動的碩果。他們在學術事業中表現出來的高尚情操，鍥而不捨的求索精神，「處憂患困窮而志不屈」的風骨，尤使後人敬佩。

一

趙明誠，字德甫，諸城人，生於北宋神宗元豐四年（一〇八一）。李清照，濟南人，比明誠晚三年出生。

他們生長在一個學術文化發達的時代，以填詞爲重要特徵的文壇，名家輩出，羣星燦爛；新興起來的金石學，把士大夫手中的古玩變成有價值的史料，開拓了史學研究的新領域。趙李兩家，都是詩書門第，官宦人家。李清照的父親李格非，以文章受知於大文豪蘇軾。趙明誠的父親趙挺之，做過宰相，工書法，喜歡收藏古書古帖。著名詩人黃庭堅，在趙挺之官舍觀賞過他收藏的寫本《木蘭辭》和絳本法帖。趙家收藏之富，給詩人留下了深刻的印象。

家庭和時代的影響，加上聰敏好學，清照在少年時便有詩名。趙明誠則小小年紀便對金石文物產生了興趣。元祐四年（一〇八九），趙挺之在徐州做官時，只有九歲的明誠在這裡得到〈隋化善寺碑〉的拓本，從此趙明誠逐漸由愛好到入迷，竟和金石文字結下終生不解之緣，後來終於成爲著名的金石學者。

徽宗建中靖國元年（一一〇一），這一對有文化教養的青年人，在北宋的首都汴京結婚了。「太平日久，人物繁阜，垂髫之童，但習鼓舞，斑白之老，不識干戈」。這時候的汴京，正呈現一派歌舞昇平的氣象。「舉目則青樓畫閣，繡戶珠簾。雕車競駐於天街，寶馬爭馳於御路。金翠耀目，羅綺飄香，新聲巧笑於柳陌花衢。」達官貴人在這裡追名逐利，紈絝少年陶醉於舞榭歌台。但是，新婚蜜月中的這一對青年夫婦，自有他們的理想、抱負和生活情趣。

當時，趙明誠正在太學讀書，初一、十五才能請假回來和妻子相聚。「趙李族寒，素貧儉」。明誠從太學出來，先到當鋪當幾件衣物，換一點錢，然後步入熱鬧的相國寺市場，買回他所喜愛的碑文和糖果。歸來後，夫婦「相對展玩咀嚼」。古老神秘的碑文，把他們引向了遙遠的歷史年代，給予他們一種特有的文化藝術享受；小小閨房，充滿著幸福和歡樂。他們彷彿置身於無憂無慮的遠古時期，似乎天地間沒有比他們夫婦更幸福的了。

後兩年，明誠出仕，他們夫婦立志過布衣蔬食的儉樸生活，希望能把普天之下的古文奇字統統搜羅無遺。趙家藏書雖然相當豐富，但對於這一對渴求知識文化的青年來說，是遠遠不夠的。他們通過親友故舊，想方設法，把政府館閣收藏的罕見珍本秘籍借出來抄寫，「浸覺有味，不能自已」。遇有三代奇器，名人書畫，不惜「脫衣市易」。然而，他們的力量畢竟有限，曾有人拿了一幅南唐畫家徐熙的〈牡丹圖〉求售，索錢二十萬。夫婦玩賞一夜，愛不釋手；但是，計無所出，只好戀戀不捨地歸還人家。爲此，「夫婦相向悵惋者數日」。

二

哲宗、徽宗年間，北宋朝廷內部激烈的新舊黨爭把趙李兩家捲了進去，打破了他們安靜和諧的生活。自從王安石變法失敗以後，隨著宋王朝危機的加深，統治集團內部的鬥爭愈演愈烈。宋徽宗上台以後，寵臣蔡京一伙得勢，以奉行新法之名，行排斥異己、撈取權利之實，弄得烏煙瘴氣，國事日非。李格非名列元祐黨籍①，被逐出政治舞台。趙挺之以廁身新黨，登上右相高位，但不久即爲蔡京所排擠。大觀元年（一一〇七）三月，趙挺之去世後，又遭蔡京誣陷。明誠、清照被迫離開汴京，相偕回青州，長期鄉居。

黑暗的政治，朝雲暮雨，反覆無常，變化莫測的新舊黨爭，使他們感到驚愕。他們羨慕東晉末期潔身守志、不爲五斗米折腰的陶淵明，取陶淵明〈歸去來辭〉的意思，把他們的書齋題名爲「歸來堂」，並掛上一塊小小的匾額。「倚南窗以寄傲，審容膝之易安」，小小書齋，書史滿目，這就是他們夫婦安身立命之處，而他們卻爲此感到自豪。李清照自號易安居士，表示對權傾一世的蔡京集團的蔑視。

青州古城是古齊國的腹心地區，是古老的文物之邦，豐碑巨碣，所在多有；三代古器，時有出土。這對於明誠夫婦酷愛的文物事業十分有利。他們在當地收集到〈東魏張烈碑〉、

---

①元祐，宋哲宗年號。元祐年間，以司馬光爲代表的舊黨，盡廢新法，排斥以王安石爲代表的新黨。哲宗親政，重新起用新黨人士。哲宗死後，新黨復遭斥逐。徽宗上台，蔡京爲相，他爲了排除異己，把原先一大批舊黨和不肯阿附他們的朝臣，統統定爲元祐奸黨，予以貶逐，並皆石刻姓名，頒布天下，稱爲元祐黨籍。

〈北齊臨淮王像碑〉、唐李邕撰書〈大雲寺禪院碑〉等一大批古刻資料。益都出土的有銘古戟，昌樂丹水岸出土的古觚、古爵，陸續成爲他們的寶藏。臨淄出土的齊鍾，銘文近五百字，他們最先得到了精美的墨本。

趙明誠還登名山，訪古剎，到處尋訪搜求文物古跡。關心他們事業的朋友，或告以新發現的信息，或贈送新獲得的金石文字。趙明誠的好友劉跂，寄來〈泰山秦刻石〉的全拓。政和三年（一一一三），鄂州嘉魚縣出土有銘的〈楚公鐘〉，友人王壽卿很快寄來精美的墨本。每當收到一部珍貴的書籍，一件新發現的古器，或者得到一幅名人書畫，都給他們夫婦帶來極大的歡樂和慰藉。他們廢寢忘食地校勘古籍，整理簽題，鑒賞古器書畫，分門別類地作出分析評價，每至夜深燭盡方肯罷休。一次，明誠從淄州邢家得到白居易所書《楞嚴經》，樂不可支；騎馬馳歸，夜已二鼓。他們夫妻烹上小龍團茶，相對展玩，點完兩支蠟燭，仍然毫無倦意。

後來，趙明誠雖再度出仕，連守萊、淄二州，但是爲了他們的共同事業，李清照「首無明珠翡翠之飾，室無塗金刺繡之具」，和丈夫同甘共苦，竭盡所入，用於文物圖籍的收藏；日就月將，几案堆積。經過多年努力，他們成爲當時著名的藏書家。他們的藏書，校勘之精良，紙札之精緻，字畫之完好，都遠遠在其他藏書家之上。對於辛辛苦苦得來的藏書，他們愛護備至；在「歸來堂」起大櫥，全部編目裝櫥珍藏，取閱時則認真登記，稍有污損，必須修整完好，揩抹乾淨。

清照性格開朗，博覽羣書，記憶力特強。夫婦飯罷，坐「歸來堂」，她常常指著案上堆集的書史，「言某事在某書某卷第幾頁第幾行，以中否角勝負」，決定飲茶的先後。在這種場合，明誠往往甘拜下風，清照則舉杯大笑，茶傾懷中，反不得飲。他們夫婦這種高尚的生活情趣，自然是一般追逐聲色犬馬之樂的庸俗之徒無法理解的。

三

有人說，趙明誠李清照夫婦收藏金石書畫，純粹是吃飽了飯沒事幹，看看字畫，玩玩古董，消磨歲月，填補精神上的空虛。這顯然是對他們夫婦一生事業的歪曲。《金石錄》一書，就是對這種偏見很好的回答。趙明誠在《金石錄．序》中說：

「余自少小喜從當世學士大夫訪問前代金石刻詞，以廣異聞。更得歐陽文忠公《集古錄》讀而賢之，以為是正譌謬有功於後學甚大。惜其尚有漏落，又無歲月先後之次，思欲廣而成書，以傳學者。於是益訪求藏蓄，凡二十年而後粗備。」

趙明誠講得多麼清楚啊，他們幾十年如一日，孜孜不倦，致力於金石刻詞的訪求研究，耗盡心血，是爲了後世學者。這是一項崇高而艱苦的事業。他們不滿足於前輩學者的成就，在前人開闢的道路上，繼續探索，取得了卓越的成績。和歐陽修的《集古錄》相比，《金石錄》著錄金石刻詞二千卷，超過前者一倍。在體例上，前者以收到時間的先後爲序，後者則以形成的年代歲月先後爲次，這是一個很大的改進；而考據的精博，也是後來居上。

他們在研究中，堅持實事求是的嚴謹態度和優良學風，贊成孔子的「君子於其所不知蓋闕如也」的主張，反對任意穿鑿附會。政和七年（一一一七年），趙明誠的朋友劉跂讀過《金石錄》的初稿以後讚揚説：「別白牴牾（牴牾，即互相衝突的事理），實事求是，其言斤斤，甚可觀也。」這確非溢美之詞。

他們把對金石刻詞的研究，同文獻考訂相結合，做了大量繁複細緻的工作。他們取〈漢熹平石經遺字〉與傳世儒家經典相對勘。〈石經遺字〉雖僅存數千字，但是與傳世諸書不同者即有數百處之多。由此，他們進一步體會到古刻的重大學術價值。《金石錄》著錄唐代碑文最多，他們利用這些豐富史料，對新舊唐書記載的錯誤，多有訂正。古籍《考工記》載，古代酒器的容量，一爵容一升，一觚容三升。而漢儒則以爲一爵容二升。他們取所藏丹水岸出土的一觚一爵測之，一觚的容量適當三爵，以此知《考工記》所載爲是。

但是，他們的研究，並沒有僅僅局限在個別事實和個別文句的考訂上。他們還結合碑傳文字，評價歷史人物、歷史事件，對歷史上的治亂興衰，提出他們自己的看法，「議論卓越」，頗能發人深思。

《金石錄》中，有多處文字揭露封建帝王利用宗教迷信和符瑞邪說，裝神弄鬼，宣揚所謂天命，愚弄欺騙人民的行徑。三國時吳末帝孫皓，淫虐無道，八次改元，六次是出於所謂祥瑞，並且立碑頌德，大肆宣揚。但是結果「竟不能保其國」，不久就爲晉國軍隊所俘。對此，《金石錄》卷二十〈吳天璽元年斷碑〉跋尾中指出：「蓋人事不修，而假托鬼怪以矯誣天命，其不終宜矣。」這裡充分表現了他們的進步的歷史觀點，認爲國家興亡在人事，而不是天命。

他們同情人民疾苦，對統治者徵斂禍民的罪行深惡痛絕。《金石錄》中收入的〈唐義興縣重修茶舍記〉碑載，該縣原不貢茶。唐御史大夫李栖筠在該地做官時，有山僧獻茶，「芬香甘辣冠于他境」，遂上貢萬兩。其後「徵獻浸廣」，成爲該縣常賦，每年僅貢茶一項，「選匠征夫」即達二千餘人，給當地羣眾帶來極大的負擔。對此，明誠在該碑跋尾中指出：「後世士大夫區區以口腹玩好之獻爲愛君……貽患百姓有不可勝言者。」「貢茶至末事也，而調發之擾猶如此，況其甚者乎？」

「夏商有鑒當深戒，簡策汗青今俱在。」考察一下北宋的史事，特別是徽宗時期明誠夫婦耳聞目睹的現實，可知他們的這些議論有多麼鮮明的針對性啊！

北宋第三代皇帝真宗（九六八—一〇二二），不是曾演出過一場所謂天書下降，大興祥瑞，而改元「大中祥符」，以至廣建宮觀，勞民傷財的丑劇嗎？荒淫無恥的宋徽宗，比他的祖先走得更遠。他和蔡京、林靈素一伙，裝神弄鬼，胡說自己是上帝長子下凡；一會兒又說夢見老君（老子），當興道教，自封爲道君皇帝。爲了搜刮天下奇珍異物，供其享受，政和時期，徽宗在蘇州設應奉局，搜刮兩浙奇石異卉，裝大船運往汴京，號「花石綱」。一時各地官員羣起仿效，登州、萊州等地，也以文石上獻。花石綱之害，大大超過了唐代義興縣貢茶之舉。歷史往往有驚人的相似之處。不久之後，宋徽宗重蹈吳末帝的覆轍，做了金人的階下囚。

四

《金石錄》的寫作，由於金兵進擾，北宋覆亡而中斷。該書著錄金石刻詞二千卷，寫出研究跋尾的才五百零二篇，只占全部刻詞的四分之一。在動亂的形勢下，他們夫婦想盡一切辦法，保護他們多年艱辛努力所得的珍貴文物圖書。

高宗建炎元年（一一二七）三月，趙明誠奔母喪去建康，把珍貴文物圖書十五車攜往江南。這年秋天，青州發生兵變，清照攜帶一部分文物南下，與明誠相會。青州故第未及帶走的文物圖籍，全部毀於兵火。

建炎三年（一一二九）八月，明誠在建康病逝。清照在極端悲痛中病倒了。禍不單行，高宗的親信、御醫王繼先，乘人之危，氣勢洶洶，以黃金三百兩，登門強購趙家所有文物。隨後又有人散布流言蜚語，造謠中傷，胡說明誠生前通敵，向清照施加壓力，目的仍然在攫取趙家珍藏。當時金兵壓境，形勢緊迫，清照被迫攜帶家藏銅器等物，追蹤正在奔竄逃命的宋高宗，希圖投進。清照飄泊江南，輾轉流離，備嘗人間酸辛。攜往江南的文物終於喪失殆盡：有的在戰火中化爲硝煙，有的流入有勢者之手。紹興三年九月，明誠姨兄謝克家，在臨安法慧寺看到明誠舊藏《蔡襄謝御賜書詩卷》，感慨萬分地寫道：「姨弟趙德夫，昔年屢以相示。今下世未幾，已不能葆有之。攬（覽）之淒然。」

幸運的是，趙、李一生心血澆鑄成的《金石錄》一書，由於清照的悉心保護，得以流傳下來。紹興四年（一一三四）八月，李清照滿懷深情地回顧了他們夫婦的生平事業，寫了一篇文情並茂的《金石錄後序》。《金石錄》和清照的《後序》，是他們夫婦生平高尚情操的見證。南宋龍舒郡齋刻本《金石錄》，一九八四年由中華書局影印出版了。這可以說是對趙明誠李清照夫婦最好的紀念。

附錄三

〈廉先生序〉石刻考釋

——兼談李格非、李清照里居問題

于中航

今年是宋代傑出女詞人李清照誕生的九百周年。爲了探討女詞人的生平，近年來濟南市博物館根據她的一生行蹤，作了一些考察。考察中的主要收穫之一，是在章邱縣明水鎮西一·五公里的廉坡村，發現了李清照的父親李格非所撰〈廉先生序〉石刻。序文之後，還有清照堂兄李迥的跋語。序文和跋語曾載於道光《章邱縣志》（以下簡稱《章志》）和《濟南金石志》（以下簡稱《濟金》）。

依據這兩篇文字可以確認格非、清照父女是章邱明水人，有助於澄清在格非父女里籍問題上某些傳聞的混亂。一九八一年，筆者曾就這一問題，在《光明日報》上發表一篇短文。限於篇幅，序文未能全錄，有關情況也語焉不詳。爲了便於研究者參考，現將石刻有關資料全部發表，石刻文字全部按行款復原，並對相關的一些問題作必要的考釋和說明。

一　石刻的由來及其著錄

〈廉先生序〉，是李格非爲他的已故里人廉先生所寫的一篇紀念性文章。

李格非，字文叔，北宋著名學者，以文章受知於蘇軾。熙寧九年（一〇七六年）進士，官至京東路提點刑獄，以黨籍罷。序文撰於元豐八年（一〇八五年），即清照出生的第二年；宣和五年（一一二三年）始由廉先生之孫宗師等刻於石。李迥跋語稱，此文曾在太學諸生中流傳。

元時，宋石仆於「故居水湄」，「坼裂不可植」。廉氏後人於元至正六年（一三四六年）重立一石，由彭敬叔更書。重刻之石除原有序跋外，增加了劉敏中所撰〈廉先生石陰記〉和廉遵諒的一條跋語。劉敏中，字端甫，號中庵，章邱人，官至翰林學士承旨，延祐五年（一三一八年）卒，有《中庵集》二十五卷，傳世有元刊本，〈石陰記〉收在卷三。記稱「序文缺滅不敢意度者凡三字，皆闕之」。《濟金》所錄〈石陰記〉略有刪節。彭敬叔，字叔儀，章邱人，官至湖北僉憲致仕，卒贈兵部尚書，事跡見《章志》。

元時重刻之石，原在村後，明嘉靖時移至村內關帝廟側。十年動亂中，石刻被打碎。在章邱縣文化館的幫助下，經過四次調查，找到殘石六塊，原有四項文字各保存了一部分，序文和〈石陰記〉的寫作年月及作者署名都保存下來。

關於這一石刻的著錄，《濟金》作〈宋元豐八年齊郡廉先生序石刻〉；《章志》作〈隱士廉復墓碑〉，以石刻爲墓碑，顯然是不確切的，稱其人爲廉復，也不知何據；《山東通志》誤爲二石，一題〈宋隱士廉復墓碑並陰側〉，一題〈宋齊郡廉先生序石刻〉。

二　石刻形制和文字的復原

據《章志》，石刻有「瓦壟樣蓋」，「身高六尺一寸，寬一尺六寸四分，厚一尺三寸」。當地羣眾稱之爲大方碑，四面刻文。正面是序文，題一行，文十二行，滿行五十一字，最後兩行移至石刻的左側面。序後是李迥和廉遵諒的跋語，前者四行，後者三行，文字低一格。背面是〈石陰記〉，題一行，文十三行，最後三行移至石刻的右側面。據《濟金》，〈石陰記〉後，還有「至正六年五月日廉鋭等立」，「石匠李欽祖等鐫」，以及「嘉靖二十五年二月二十四日重立主碑廉旺廉英一戶」等文字。

殘石除蓋石一塊，其餘五塊均有文字，以序文殘存文字爲最多。今據殘石行次，分行錄出石刻全部文字如下。凡見於石刻的文字，均於文字的下面用黑點標出，文字與志書所載互異者，在括號内注明。行次以阿拉伯數字標於行末方括號内。

廉先生序

齊郡有廉先生者隱君子也少時一負書應舉既而不知其憎世而毋俗歟亦愛其身以有待歟不然得喪輕重已判於胸中歟年未〔1行〕

四十翛然來隱於齊東胡山之麓盡東其平生（《章志》、《濟金》作生平）所讀書置屋棟間而獨抱夫易以老焉其大者則格非知誠恐不足以知之蓋言所可〔2行〕

知以推所未知者則先生始來築室結廬植竹數千木數百若甚暇且易而其堅完繁茂它人畢力莫能及人疑之曰此先生築室植〔3行〕

木有術既而又見其種田百畝活十餘幾年歲無不給則曰是必能化黃金後四十年考其壽當八九十而見其猶有童顏也則曰是〔4行〕

必能餌丹人數以告先生泛焉受之不辭或從而求其術則告之曰是安得術吾於築室植木也知不以彼之成壞易吾之誠於家（此行當缺一字，《章志》、《濟金》文字同。）〔5行〕

也知不以彼之盈虛奪吾之常理于身也知不以思慮攖拂（《章志》作「攖情」，此從《濟金》）吾之胸中如是耳安得術雖然若有問治天下國家者吾亦將以是語之〔6行〕

其友王文恪公既顯欲荐之朝度先生不可屈乃止治平中詔求遺逸刺史王才叔將迫先生行先生陰使人進其弟子胡鄒雖鄙終〔7行〕

身不知也格非之兄和叔以為其不茍于古可似黔婁其難際似叔度其藏書匿行使世莫得名其高則非仲長子光不可偕也以考〔8行〕

夫功業則疑其數十年間天下之人有時忠順豈樂之意莫知其然而作忽戾之人亦有時乎悔艾之心莫知其然而作天地之氣其〔9行〕

容與調暢足以養萬物而秀嘉草者恐斯人與有功焉始聞去冬奄已即世子孫皇皇請議未及此正西山之餓夫東國之逐臣燕之（石刻「燕」下缺一字，《章志》、《濟金》俱作「之」）〔10行〕

屠蜀之卜絳縣之□（石刻之下空一字）老有賴于仁人君子一言之時也唯吾為同里人質之區區亦欲借之以告請議之伯元豐八年九月十三日繡江〔11行〕

李格非文叔序〔12行〕

迴（《章志》作「迴」，此從石刻）憶昔童時從先伯父先考先叔西郊縱步三里抵茂林（《章志》作「松」，此從《濟金》）修竹谿深水靜得先生之居謁拜先生數幸侍側欣（石刻作「欸」，此從《章志》、《濟金》）聞謦欬之余獨愧顓〔1行〕

蒙未有知識但見先生雲巾鶡烏羽服藜杖身晦于林泉之間望之神仙中人真古所謂隱逸者也

先生既歿先考評其為人先(2行)
叔作序以紀名實而太學諸生取其附于策斷之末傳誦天下儒者尊師之(《濟金》「而太學……師之」刪,此從《章志》)迄茲三十有七年矣先生孫宗師曾孫理珪更願樹之(《濟金》「更願」二字刪,此從《章志》)(3行)
堅石蓋求不朽(《濟金》「蓋求不朽」四字,刪,此從《章志》)後進有立喜為之書宣和癸卯正月人日李迥謹題(「李迥」,《章志》誤作「李迴」,此從石刻、《濟金》)(4行)
斯文斯石始建于元豐八年後罹兵荒仆于荊棘至大中父銳同叔鐸請中庵文諸石陰(1行)
迄今垂四十年乃伐石南岡懇里中同舍友前陝西漢中廉訪司簽事彭敬叔更書而文(2行)
于石至正六年四月廉遵諒題(此記《章志》未錄,此據《濟金》)(3行)
廉先生石陰記(此記《章志》未錄,《濟金》錄之而有刪節,此據《中庵集》,校以殘石文字)
余外表兄故章丘廉君諱可字君德為人以信義重(「重」,《濟金》作「仁」,誤)仕縣(《濟金》作「佐縣」,此從《中庵集》)嘗攝縣事二子銳鐸皆學行有聞銳補縣屬(《濟金》

作「縣尉」）非其好乃退隱不仕鐸以貢士（《濟金》無「士」字）〔1行〕
官濟陽教銳鐸告余曰先人嘗訓銳等吾生當金季之亂甫再歲而孤賴母氏存育嗣有世業聞之
吾母廉氏本河南祥符人遷于繡〔2行〕
江然譜亡無所考曰廉某先生者未詳為幾世祖以高祖之行名治平元豐間歿而里人李格非為
之序後三十有七年孫宗師輩（《濟金》作「等」）始〔3行〕
刻石焉有李迥（《中庵集》誤爲「迴」）題序稱先生年未四十來隱齊東湖山之麓以是觀之
其遷繡江當始此也而其石刻荐經喪亂臥故居水邊（《濟金》作「湄」）人無見〔4行〕
者汝曹可移植爽塏世謹護之庶繼繼修慎不失有道之後足矣銳等視其石則以劫火之故坼裂
不可植乃圖為重刊之計而久未〔5行〕
遂今礱已具吾叔以一言紀其陰（《濟金》作「後」）先志畢矣余觀格非所以序先生者則隱
居讀易善築室種植而壽謂其不以物之成壞盈虛〔6行〕
易吾之誠奪吾之理也不以思慮攖拂吾胸中也品則方之黔婁方之黃叔度方之仲長子光也至
論其功用則謂容與調暢有以叶〔7行〕
夫天地之氣養萬物而秀嘉草也嘻高矣哉而李氏之文新古奇雅（《濟金》作「崛」）辭辨
（《濟金》作「達」）而理析蓋深于文且深于道者也非深于道無以識先生之〔8行〕

高非深于文無以道其所以高故閱李之文則見先生之高觀先生則見李文之高誦其文企乎（《濟金》作「予」）其人則見湖山之風（《濟金》作「威」）神益峻而繡江之〔9行〕

波瀾益遠也余惟才賢之生固必待夫天地容與調暢之氣然二公而後距今逾二百年鄉井之所同未聞有繼焉者豈其容與調暢〔10行〕

之氣時有所不足而不恆有也耶其有而無所托乃不得傳也耶嗚呼人而有才賢難有子孫亦難有子孫賢而可托為尤難茲石之〔11行〕

再刻也皆知吾鄉高人嘗有此人文人嘗有此文繼今以往吾知夫鄉之學者所以歸仰則效日敬而日新則二公為長存非以其廉〔12行〕

氏有賢子孫也耶序文缺滅不敢意度者凡三字皆闕之李迥所題書于後云至大二年己酉中秋邑人劉敏中中庵（《中庵集》無「中庵」二字，此從石刻）記〔13行〕

三　廉先生其人

石刻的主人是封建時代的一位隱君子，序文大體分三部分對其生平作了評述。

第一部分，記齊郡廉先生，年未四十，棄科舉，隱於齊東胡山之麓。

齊郡，指齊州。《宋史·地理志》，齊州轄歷城、章邱、長清等五縣，政和六年升爲府，稱濟南府。齊東蓋泛指齊州東部而言，章邱在歷城之東，故可稱齊東。胡山，一作湖山。《章志》卷三：「胡山，在縣治（按指舊城，今章邱治明水）南五十里，脈自黃巢頂來，至此山五十餘里，陡起一峯，極高大……爲章邱之巨鎮。」序文稱隱居胡山之麓，亦泛指。

序文不言廉先生原籍及名諱，〈石陰記〉據廉氏後人所述，知其爲河南祥符人。嘉靖《山東通志》、萬曆《章志》俱以其人即廉復。《山東通志·人物志》：「廉復，章邱人，隱居不仕，築室繡江之涯，以詩酒自樂，友人李格非序其遺稿，並志其墓。」遺稿今已不存。

第二部分，述其隱居以來幾十年間的行事爲人和抱負，以及人們對他的評價。

他善築室種植，養生有術，以濟世之才自負。其友人王陶和刺史王才叔，皆欲荐之朝而不果。因此，格非之兄和叔，把他比作古代的高士黔婁、叔度和仲長子光。

王陶，《宋史》有傳，京兆萬年人，字樂道，歷仕仁宗、英宗、神宗三朝，謚文恪。王才叔，即王廣淵，大名成安人，曾知齊州，故序文稱之爲刺史，《宋史》有傳。格非之兄和叔，生平不詳。李迥題記稱「先生既歿，先考評其爲人，先叔作序以記名實」。則李迥乃格非兄和叔之子。張耒《宛丘集》卷六十七〈答李文叔爲兄立謚書〉，不贊成爲格非兄立謚，未知即其人否。黔婁先生，戰國時齊人，不求仕進，齊、魯國君欲以爲卿相，皆不就，事見《高士傳》。叔度，即東漢隱士黃憲，慎陽人，以學行見重於時，安貧樂道，人比之顏淵。《後漢書》有傳。仲長子光，隋唐之際隱士，洛陽人，字石曜，與王績善。事跡附見《新唐書·王績傳》。

最後部分，記廉先生之卒和作序之由。序文稱，「始聞（廉先生）去冬奄已即世」，又稱「唯吾爲同里人」，末尾署「元豐八年九月十三日繡江李格非文叔序」。可見廉先生當卒於元豐七年，適當李清照生年。是年格非當官於外地，所以文中說「始聞」云云。格非既爲同里人，爲之作序，義不容辭。繡江，水名，源出章邱明水百脈泉，右納西麻灣水，北入小清河。《章志》，繡江「芹藻浮動，水紋如繡，故名」。此處繡江當指章邱。《宋史》格非傳僅言格非是濟南人，不詳其爲哪一縣，今據序文作者自署，應爲濟南章邱人。道光《濟南府志》、《歷乘》、《歷城縣志》以及許多有關文學史著作俱以格非父女爲歷城人，蓋以濟南府治歷城而云然，皆不確，當以石刻章邱人爲據。

四　廉先生之居與李格非里居

「峻嶙村墟在，殘碑風雨侵」（清人張光啟〈訪廉處士故宅〉詩，轉引自道光《章志》），石刻的存在，表明廉坡村的歷史，應該上溯到九百多年前的廉先生之居。李迴的跋語，對昔年廉先生之居的位置和環境，寫道：「迴憶昔童時，從先伯父、先考、先叔西郊縱步三里，抵茂林修竹，谿深水靜，得先生之居。」當年廉先生一家住在這裡，環境非常清幽。後來子孫繁衍，世居於此，發展成爲一個廉坡村。現在的廉坡村，是一個不大的村莊。村北是硯池山，村南西麻灣水明淨如鏡，從村東潺潺流過，乃繡江河水源之一。村東有大片水田和荷塘。這裡土肥水美，產香稻米，確是一個生活居處的好地方。

據李迥跋語所記廉先生之居的位置，對照廉坡村與明水鎮的位置和距離，又可以進一步推定李格非一家當時應即居於明水。《章志》卷十六李格非里居條：「按《大明一統志》云格非濟南人，《山東通志》云萊蕪人。閱〈明水鎮西廉處士碑〉李迥跋云『少從先伯父、先考、先叔西郊縱步三里許，得廉先生之居』云云觀之，確是明水鎮人。」其說有實物佐證，是可信的。

清人田雯〈柳絮泉訪李易安故宅〉詩，以爲濟南趵突泉附近柳絮泉有所謂李清照故居。考清照生平，婚前從父母居，婚後從夫居，未聞李格非、趙明誠曾居柳絮泉上。如云婚前故居，當在她的故鄉明水鎮。至於有人說，清照生於柳絮泉上更屬附會之詞。

明水之名，見於宋初。據宋人王闢之《澠水燕談錄》，宋初學者田告，愛濟南明水水樹之美，隱居於此。田告字象宜，著有《禹元經》三卷，言治河之術。據《宋史·河渠志》，宋太祖曾召見田告，詢以治河方略。現在的明水，是章邱縣治所，西距濟南市中心五十公里，水泉之美，與濟南並稱，有百脈、淨明諸泉。百脈泉，即《水經注》說的百脈水，乃濟南七十二名泉之一。《齊乘》云，東有百脈，西有趵突，二泉蓋齊名。

補記：近年來濟南新出劉豫阜昌六年〈傅肇墓誌〉云，其第四子知白，娶太易先生廉復之後，則廉先生確即廉復，太易當爲他的字或號。

附錄四

李清照柳絮泉故宅說質疑

于中航

我國文學史上傑出的女作家李清照，號易安居士，濟南人，世傳李清照故宅在濟南柳絮泉上。其說出現在李清照死後四百多年的清初，前此未有所聞，所以儘管它流傳相當廣泛，但是仍然不可避免地會引起人們的極大懷疑。一九八〇年筆者有機會參加濟南市李清照紀念堂的重建工作，接觸到過去有關文獻記載，當代學者研究李清照生平的新成果，特別是在山東章邱發現的李清照的父親李格非所撰〈廉先生序〉碑所提供的關於李格非里居的新資料，更覺得其說難以令人置信。現將工作中所得，草成本文，以供關心李清照生平事跡者參考。

一、故宅說的由來及其流傳

李清照故宅在柳絮泉的說法，出自清代初期詩人田雯。田雯（一六三五—一七〇四），字綸霞，山東德州人，順治十八年進士，官至戶部侍郎。在他的《古歡堂集》中，有濟南分題詩十六首，其中有一首題目是〈柳絮泉訪李易安故宅〉。柳絮泉是濟南七十二名泉之一，位置在今日趵突泉公園內金線泉的近旁。田雯這首詩共六句：

跳波濺客衣，演漾回塘路；
清照昔年人，門外垂楊樹；
沙禽一隻飛，獨向前洲去。

詩中繪聲繪色，似有所見，其實他既沒有看到任何所謂李易安故宅遺跡，又沒有舉出其他什麼根據。但是，田雯這首詩出來以後，卻有不少人前來柳絮泉，訪問所謂李易安故宅、故里。並且由此出現了更多的同一題材的詩篇。這裡我們不妨再抄錄一首同一題目的詩篇，看看另一位尋訪者看到了什麼：

為尋詞女舍，卻自柳泉行；
秋雨黃花瘦，春流漱玉聲。
收藏驚浩劫，漂泊感平生；
往昔風流在，猶傳樂府聲。（任宏遠《鵲華山人集》）

這首詩的作者任宏遠，先世為鹽商居於濟南，遂為濟南人，工詩文，輯有《趵突泉志》。詩人王士禎喜誦其〈春草詩〉，呼為「春草秀才」（《山東鹽法志》）。詩中表明，這位尋訪者同田雯一樣，同樣沒有看到所謂李清照故宅及其任何遺跡。

儘管如此，故宅說還是不脛而走，廣泛流傳，爲不少人所信從。清代著名的李清照研究者俞正燮，在《易安居士事輯》一文中說，李清照「居歷城城西南之柳絮泉上」。自注：「《古歡堂集》有〈柳絮泉訪李易安故宅〉詩。」《山東通志．古跡志》，也有類似記載。

一九五九年，濟南市在趵突泉公園內，利用原來清末的丁寶楨祠，設立李清照紀念堂，郭沫若爲紀念堂題辭中有云：「一代詞人有舊居」，看來，郭老題辭也本自田詩。

隨著故宅說的流傳，它的內容也不斷地得到新的補充。有人說，李清照生於柳絮泉上，①於是所謂李清照故宅又成了她的出生地。還有人說，李清照詞中一些膾炙人口的名句，如「綠肥紅瘦」，「簾卷西風人比黃花瘦」等，也是在這裡寫成的②。甚至人們還認爲李清照的詞集《漱玉集》也得名於柳絮泉附近的漱玉泉。總之，不少人認爲，李清照生於斯，居於斯，寫作於斯，其詞集又取名於斯。看來，柳絮泉和李清照一生的關係似乎太密切了。這樣，在有關李清照生平及其作品的研究中就產生了一系列的混亂，有加以澄清的必要。

①趙景深《海上集．女詞人李清照》。
②臧雲遠《憶詩人王統照》，《散文》一九八〇年第十二期。

二、故宅說不見早期地方文獻記載，缺乏文獻依據

田雯李清照柳絮泉故宅說的一個重要可疑之點是，田氏本人未言有何根據，而其說又不見於早期地方文獻。

李清照才華絕世，久負盛名。她的一生行蹤歷來爲人們所注意，早期地方志書，多載有她的事跡，偏偏沒有她的故宅在柳絮泉之說，這難道是偶然的疏忽嗎？細心的研究者早就根據這一點對田說提出了疑問。

黃盛璋先生撰《趙明誠李清照夫婦年譜》，收集李清照生平事跡頗詳，他首先指出，「地方古蹟往往出於後人附會不盡可憑，濟南李易安故宅，早期地方志如《崇禎歷城縣志》、《濟南府志》、（《圖書集成》職方典．濟南府）俱不見載。」③

王學初先生《李清照事跡編年》也指出：「元于欽《齊乘》、明《崇禎歷城縣志》、清《康熙濟南府志》，俱無清照故宅在柳絮泉之說。」④

③《李清照集》二一五頁，中華書局。

④《李清照集校注》二一一頁，人民文學出版社。

在上述兩先生列舉的地方文獻以外，我們還可以舉出明代的《齊音》和《歷乘》這兩部書。《齊音》一書的作者王象春，是清初名詩人王士禎的叔祖公，新城（今山東桓台）人，他曾久居濟南城，留心濟南史事風物，匯集一生有關濟南見聞，作詩一百首，總名之曰《齊音》，其中頗多傳聞之說；但涉及到李清照的，只有〈題李易安〉一首，並無故宅之說。《歷乘》是歷城人劉敕所撰，刊於明崇禎時，是歷城縣志中最早的一個刻本。書中也無故宅之說的影子。

另外，濟南當地的一些著名文人，如元代張養浩、明代李攀龍、邊貢，還有一些在濟南做過官、熟悉濟南歷史風物的文人，如元代趙孟頫、清初施閏章等，在他們的文集中，也無一語談到濟南柳絮泉有所謂李易安故宅者。

特別值得注意的是，與田雯同時代的詩人王士禎，他一生推崇李清照，說她是「詞中大家」，認爲詞家婉約、豪放兩大派中的婉約派，當「以易安爲宗」。在王士禎的著作中，屢屢談到李清照，但是同樣不見有類似記載。同時，王氏對濟南名勝古蹟異常熟悉，他的文集中也不乏題詠歷下古蹟之作，其中有一首還直接提到過柳絮泉：「名泉七十二，齊郡早知秋，潺湲虎落間，高下穿清流，柳絮落不已，龍居吟未收。……」自注：「柳絮、龍居皆泉名。」（〈秋日遊明湖〉）柳絮泉如果真有所謂李易安故宅，那麼對於生平如此景仰李清照的王士禎，大概總不會視無所見，耳無所聞，毫無表示吧！

三、從有關柳絮泉的早期記載中看故宅說之不可信

柳絮泉是濟南名泉，早期地方文獻雖然沒有李清照故宅在這裡的記載，但是關於柳絮泉本身的記載卻不少見。考察一下這些記載，有助於我們判斷田氏故宅說的可信程度。

柳絮泉之名顯於金代。金代詩人元好問〈濟南行記〉：「凡濟南名泉七十有二，瀑流（即趵突泉）爲上，金線次之，珍珠又次之。若玉環、金虎、黑虎、柳絮、皇華、無憂、洗鉢及水晶簟非不佳，然亦不能與三泉侔矣。」

關於柳絮泉的位置，元于欽《齊乘》轉引金代〈歷下名泉碑〉：「金線在趵突東。曰皇華、曰柳絮、曰臥牛，在金線東。」明代永樂時晏壁〈詠柳絮泉詩〉：「金線池邊楊柳青，泉分石竇曉泠泠；東風三月飄香絮，一夜隨風化綠萍⑤。」《崇禎歷城縣志》：「柳絮泉在金線泉東南角。」可知那時的柳絮泉就在金線泉東邊，二泉相鄰。

宋以後金、元、明三個時代的文獻都有關於柳絮泉的記載，可見該泉之爲世人所注意，已非一日。但是，爲什麼這些文獻言柳絮泉而無易安故宅之說，豈不值得我們深思。

---

⑤《歷乘》卷十九。

宋時柳絮泉的情況如何，未見著錄，但柳絮泉近旁的金線泉，卻屢爲宋人所稱道。宋人筆記，如《澠水燕談錄》、《湘山野錄》、《墨莊漫錄》等，都有關於金線泉的記載。南宋吳曾《能改齋漫錄》：

「《澠水燕談》云，齊州張意諫議園亭有金線泉，石甃方池，泉亂發其下，……池心南北有金線一道，隱起水面……齊乃東方名郡，而張氏濟南盛族，園池乃郡之盛游。泉之出百年矣，士大夫過濟南至泉上者不可勝數，而無能究其所以然，亦無一人題詠者，獨蘇子瞻有詩曰，槍旗攜到齊西境，更試城南金線奇（按此為蘇轍〈次韻李公擇以惠泉答章子厚新茶二首〉中句）。然亦不辨泉之所以有線也。余讀曾南豐集，有〈金線泉詩〉……蓋南豐元豐間（按應為熙寧間）嘗守齊州所作者。」

曾南豐即曾鞏，南豐人，宋文學家，熙寧五年知齊州，其〈詠金線泉詩〉見於《元豐類稿》。蘇轍熙寧六年官於濟南，十年離去。根據這些情況判斷，熙寧時，金線泉爲濟南盛族張氏園亭，柳絮泉的位置既在金線泉之旁，則其時亦應屬於張氏園亭範圍，而不可能歸他人所有。

金線泉在金代爲靈泉庵。元好問〈濟南行記〉：「金線泉有紋若金線夷猶池面。泉今爲靈泉庵。道士高生妙琴事，人目爲琴高，留予宿者再。」元好問一代大詩人，去李清照的時代未遠，柳絮泉即在金線泉之旁，其地如有李清照故宅遺跡，元好問當不至未有所聞。

四、易安故宅何處尋

以上材料表明，無論早期文獻記載，還是地面遺跡，都找不到所謂李清照故宅在柳絮泉的蹤影。那麼，李清照故宅應當向哪裡尋找呢？我們認爲，由於年代久遠，李清照在任何地方的故宅早已不復存在。但是她一生行蹤還是清楚的，我們根據她的行蹤大體可以知道李清照一生主要居處所在的地方。

1.從〈金石錄後序〉看李清照婚後居處所在

李清照《宋史》無傳。我們今天所見關於李清照生平事跡的主要材料是她自己寫的〈金石錄後序〉（以下簡稱〈後序〉）。〈後序〉歷敘清照婚後三十四年間的憂患得失和主要行跡，是探求她婚後居住所在的最可信的材料。下面我們按照〈後序〉所記的先後順序，以〈後序〉的材料爲主，結合其他有關資料，對其婚後居住所在探索如下。

(1)〈後序〉：「余建中辛巳（一一〇一）始歸趙氏，時先君作禮部員外郎，丞相作吏部侍郎，侯年二十一，在太學作學生。趙、李族寒，素貧儉，每朔望謁告出，質衣取半文錢，步入相國寺，市碑文果實歸，相對展玩咀嚼，自謂葛天氏之民也。」

建中辛巳就是宋徽宗建中靖國元年。先君即李清照的父親李格非。丞相指李清照丈夫趙明誠的父親趙挺之，他當時任吏部侍郎。侯指趙明誠，當時是太學生。相國寺在汴京。可見清照結婚時，趙李兩家都在京師，婚後夫婦仍然住在那裡。

(2)〈後序〉：「後二年出仕宦，便有飯蔬衣綀，窮遐方絕域，盡天下古文奇字之志。日就月將，漸益堆積，丞相居政府，親舊或在館閣，多有亡詩、逸史、魯壁、汲冢所未見之書。遂盡力傳寫，浸覺有味，不能自已。」

「後二年」即徽宗崇寧二年（一一〇三），趙明誠開始做官，任官地點在汴京。而李清照隨夫仍居於汴京可由此確定。

(3)〈後序〉又說：「後屏居鄉里十年」。對屏居鄉里的原因和鄉里指的是什麼地方，〈後序〉都沒有具體說明。

清照夫婦屏居鄉里的原因，是由於趙家發生了一個很大的變故。大觀元年（一一〇七）三月，趙明誠的父親趙挺之去世，趙挺之生前與蔡京不和，死後僅三日，蔡京就借故興獄，七月獄具，追落趙挺之死後贈官。明誠夫婦以此不得不返回鄉里，其時間不應早於大觀元年的下半年。

至於所居鄉里，應是青州（今山東益都）。趙家原籍密州諸城，但趙挺之在世時已移家青州。《續資治通鑑長編》引〈挺之行狀〉：「明年（崇寧五年）春，數乞歸青州故第。」又〈後序〉後面說，清照夫婦南渡以後，「其青州故第尚鎖書册什物用屋十餘間」。由此知清照夫婦屏居之鄉里，乃青州趙氏故第。

(4)〈後序〉在屏居鄉里之後，又指出，明誠「連守兩郡」。這兩郡應是萊州和淄州。趙明誠《金石錄．後魏鄭羲碑跋》：「……蓋道昭嘗爲光州刺史，即今萊州也，故刻其父碑於茲山。余守是州，嘗與僚屬登山，徘徊碑下久之。」同書〈唐富平尉顏喬卿碣跋〉：「……有朝士劉繹如者，汶陽人，家藏漢唐石刻數百卷，以余集錄闕是碣也，輒以見贈。宣和癸卯（五年）中秋在東萊，重易裝縹，因爲識之。」又清照〈感懷〉詩序：「宣和辛丑（三年）八月十日到萊。〈後序〉後面說：「因憶侯在東萊靜治堂，裝卷初就，芸籤縹帶……」這些材料充分證明，明誠曾守萊州，而清照隨夫居於任所。另外，益都仰天山，有趙明誠宣和三年四月的兩處題名⑥，其出守萊州當在宣和三年四月以後，或即在是年八月。〈後序〉：「至靖康丙午歲（靖康元年，一一二六），侯（指趙明誠）守淄州。」又據《宋會要輯稿》，宣和七年明誠已知淄州。《金石錄．漢成陽靈台碑跋注》中有云：「余爲淄

---

⑥阮元《山左金石志》誤以此題名爲沂山題名。

州」，可見繼守萊之後明誠又官於淄州。據繆荃孫《雲自在龕筆記》所載〈唐白居易書楞嚴經趙明誠跋〉，明誠守淄時，曾從淄州邢氏家得白居易書《楞嚴經》，攜回與清照共賞。

以上又證明，明誠守萊州、淄州時，清照隨夫在任所，其時自無故宅在柳絮泉上的可能。

(5)〈後序〉：「建炎丁未（元年，一一二七）春三月，（明誠）奔太夫人喪南來。」其後，清照也渡江南去，此後流落江南，再未北歸。

清照婚後從夫居，〈後序〉所記清照婚後居處，十分清楚。從她結婚開始一直到南渡前，她先後同自己的丈夫居於汴京、青州、萊州、淄州等地，而不住在濟南。南渡後再未北歸，當然更不住在濟南，其婚後故宅自應在上述各地求之，而不得在濟南柳絮泉上。凡是讀過〈後序〉的人，對此大概都不會有什麼異議的吧。

2.清照婚前居於何處

〈後序〉所記李清照行蹤完全排除了她婚後時期故宅在柳絮泉的可能性，已如上述。那麼她婚前故宅是不是在這裡呢？李清照是濟南人，可能性也許是有的。遺憾的是，李清照的〈後序〉和現存她的其他作品，對她婚前時期的居處情況竟毫無所及。但是，我們知道，清照幼時當從父母居住，在結婚以前李清照不可能有脫離她的父母之居而另外單獨存在的所謂故宅。因此，李清照婚前時期的故宅，應當就是她父親李格非的故宅。這就是說，李清照婚前故宅是否在柳絮泉的問題，實際上是當時李格非故宅是不是在柳絮泉的問題。根據我們掌握的材料，特別是李格非撰〈廉先生序〉碑的發現，李格非柳絮泉故宅說同樣難以成立。

⑴首先，地方文獻從無李格非故宅在柳絮泉的記載。

⑵更重要的是，據在山東章邱廉坡村發現的李格非所撰〈廉先生序〉碑，李格非乃章邱縣人，家居章邱之明水鎮。⑦

〈廉先生序〉碑所在的廉坡村，屬章邱明水公社。該序題文十三行，滿行五十一字，最後署：「元豐八年九月十三日繡江李格非文叔序」，繡江是章邱的別名，因縣境內有繡江河而得名。繡江河源出明水之百脈泉，流貫全境。金代詩人元好問有詩云：「長白山下繡江水」，即指此水。該序文後，還刻有李格非侄李迥的題記。題記中說：「回憶昔童時，從先伯父、先考、先叔（指格非）西郊縱步三里……得先生之居。……先生既沒，先考評其為人，先叔作序以紀名實。……」廉坡村位置在明水西三里，與題記所說相對證，則廉先生當年所居即今之廉坡村，而李格非一家則居於明水。

---

⑦道光《章丘縣志》卷十四《金石錄》，卷十六〈外編〉中

按《宋史．地理志》，宋時濟南爲府，轄歷城、章邱、長清、禹城、臨邑等五縣。《宋史．李格非傳》說格非「濟南人」，而不詳其爲濟南哪一縣。此碑的發現，可以補《宋史》記載之闕，並糾正《歷城縣志》以李格非父女爲歷城人的錯誤。

(3)李格非熙寧九年（一〇七六）中進士[8]，後八年（元豐七年，一〇八四），李清照生。這時格非已在外地做官。據《宋史．李格非傳》，格非成進士後，「調冀州司戶參軍，試學官，爲鄆州教授，入補太學錄，再轉博士」，紹聖元年（一〇九四），一度出「通判廣信軍」，旋「召爲校書郎，遷著作佐郎，禮部員外郎。」按《後序》，清照結婚，格非正在禮部員外郎任內。由此可知：第一，從清照出生到結婚，她父親一直在外地做官；第二，李格非未任官濟南。這樣，李格非鄉里既在章邱明水而不在歷城，而又不曾官於濟南，因而不可能在歷城柳絮泉據有住宅，自無疑義。

(4)張掞《洛陽名園記．序》：「文叔在元祐官太學。」格非官太學時間當始於元祐元年（一〇八六），是年清照三歲。又晁補之〈有竹堂記〉：「濟南李文叔爲太學正，得屋於經衢之西，輪直於官而居之。治其南軒地，植竹砌傍，而名其堂曰有竹。……今文叔居有竹，文

---

⑧《太平治跡統類》卷二十八。

叔姑亦灑掃儲具，借不邀客，客將造門坐堂上不去，曰：竹固招我。元祐四年五月二十八日穎川晁補之無咎記」。據此，則至遲在元祐四年，李格非一家已居於京師，清照幼時從父母居，元祐四年，清照六歲，其時亦必從格非居京師。

(5)格非自元祐時開始到京師做官，到清照結婚時任職禮部，除了在紹聖元年一度出爲廣信軍通判，一直在京師任職，這段時間如從元祐元年（一〇八六）算起，到建中辛巳（一一〇一）清照十八歲結婚，共十五個年頭。很有可能李清照結婚前的少女時代，主要是隨父母在京師度過的。對於京師的生活，清照直到晚年仍然十分懷念。她在〈永遇樂〉一詞中寫道：「中州盛日，閨門多暇，記得偏重三五。鋪翠冠兒，撚金雪柳，簇帶爭濟楚。」「中州」指的就是汴京。

李格非的里籍和行跡清楚地表明，李格非不曾居於柳絮泉上，這就從根本上否定了李清照故宅在柳絮泉的可能性，證明這種說法完全出於後人附會，不足憑信。至於柳絮泉故宅說派生出來的其他說法，當然也就更無存在的餘地了。

附錄五　趙明誠題名和鄉居青州考

于中航

宋代著名金石學者、收藏家趙明誠逝世已經整整八百五十五年了。趙明誠和他的夫人著名女詞人李清照畢生從事文化學術活動的業績，是不可磨滅的。但是，八百多年後的今天，這位學者的生平遺跡，多已泯滅，現在保存下來的，大約只有他在山東仰天山、靈巖寺和泰山的幾處題名而已。

一九八〇年濟南市李清照紀念堂重建以來，我們在益都縣博物館、泰安文物局等單位的幫助下，對趙明誠的題名遺跡作了調查，使這些珍貴的遺跡，再顯於世。

趙明誠，字德父，又作德甫，密州諸城（今山東諸城）人，生於元豐四年（一〇八一年），建炎三年（一一二九年）在建康去世。二十一歲，他在太學作學生時，與李清照結婚。兩年後曾做小官。他的父親趙挺之，崇寧時做過宰相，大觀元年（一一〇七年）三月，趙挺之去世，明誠夫婦從此長期屏居鄉里。後來，他做過萊州、淄州知州，江寧知府。他在李清照的贊助下，致力於金石銘刻的收集和研究，著《金石錄》三十卷，以考據精博、實事求是著稱。

趙明誠的題名遺跡共六處，上起大觀二年（一一〇八年），下迄宣和三年（一一二一年），記錄了他遊仰天、訪靈巖、登泰山的歲月和與遊者的姓名，爲研究趙明誠這一時期的活動和交遊，提供了可靠資料。其中有三處，出於明誠的親筆，字跡秀麗，彌足珍貴。

一、仰天山題名

仰天山在益都縣西南，距縣城五十五公里，舊屬臨朐，風景佳勝。宋時，這裡建有仰天寺，久廢。有羅漢洞、水簾洞諸名勝。羅漢洞壁間鑿佛龕數百，亦稱千佛洞，洞頂有孔，一竅仰天，日光下射，秋月中天，自洞中窺月，光景奇絕。所謂：「仰天高掛秋月圓」，乃舊時「臨朐八景」之一。

趙明誠題名，兩處刻在羅漢洞附近小徑的石壁上，另兩處在山陰水簾洞內，字跡都是一大一小。

羅漢洞附近題名：

1.「余以大觀戊子之重陽，與李擢德升同登茲山。己丑端午，又與家兄導甫及德升、于肇元颺（？）、謝克明如晦同來。今歲中秋，復來遊，預會三人：王蔚文□、李綵神舉、傅察公晦。政和辛卯中秋趙明誠德父題。」

2.「盧格之，趙仁甫、德甫、能父，謝叔子同遊。宣和辛丑夏四月廿六日。」

第一則是明誠親筆，在二則的左側下方，小字，八行，惜石質不好，字跡不清，但多數尚可辨認。第二則大字，五行，正書。

水簾洞題名：

1.「盧彥承，趙守誠、明誠、克誠，謝克明，辛丑四月廿五日同遊。」。

2.「趙仁約子文、趙明誠德父、謝克明叔子。」。

兩則均爲正書，第一則五行，大字。第二則三行，字稍小。

以上四處題名有紀年的三處，包括徽宗時期的三個年號，五個不同的時間，即大觀戊子（二年）重陽，己丑（大觀三年）端午，政和辛卯（元年，一一一一年），宣和辛丑（三年）四月廿五、廿六日兩天。最後兩天，應是一次之遊，遊者的題名，廿五日用他們的名，廿六日用他們的字。加上未署年月的一次，則明誠凡五遊仰天。

同遊中有事跡可考者，有導甫、李擢、傅察、于肇等人。

導甫，又作道夫，即明誠二兄趙思誠。《福建通志．人物志》：「趙思誠，字道夫，高密人。父挺之，崇寧中宰相。思誠與兄存誠相繼成進士，弟明誠亦有文學。建炎南渡，存誠帥廣東，與思誠謀移家所向，以泉南俗淳，乃自五羊抵泉，因家焉。」思誠歷官中書舍人，徽猷閣待制，知溫州，知台州，寶文閣待制，知南劍州，紹興十七年五月辛卯卒，均見《建炎以來繫年要錄》。趙守誠、克誠當是明誠堂兄弟行，事跡待考。

李擢，字德升，濟南人，詩人陳與義的友人。明誠靈巖寺題名（見後）亦有其人，稱「東魯李擢德升」。建炎時，李擢與陳與義、席益等避亂湘南。陳與義《簡齋詩集》有五首詩涉及此人。卷二十五〈三月二十日聞德音寄德升、大光新有召命皆寓永州〉詩，南宋人胡稚箋注：「德升名擢，濟南人，嘗任工部侍郎、徽猷閣直學士。」大光，即席益，席旦子，紹興時官參知政事。事跡附見《宋史．席旦傳》。卷二十六〈寄德升、大光〉詩，胡注：「時先生被召，以病辭免，作此寄李給事、席舍人。」是李擢又嘗任給事中。按《建炎以來繫年要錄》，紹興三年三月己巳，李擢以徽猷閣待制、知平江府，試尚書工部侍郎，冬十月戊子試禮部尚書。《雞肋編》卷中，有洪炎〈李擢除工部侍郎詞〉。李擢與明誠兩遊仰天，同宿靈巖，可見兩人關係之深，胡稚謂擢爲濟南人，未知是易安族人否。

傅察字公晦，濟源人，中書侍郎傅堯俞從孫。十八歲登進士，蔡京欲妻以女，拒弗答。曾任青州司法參軍。據題名，政和元年，傅察當在青州任內，宣和七年冬，使金，金人迫之降，不屈，遇害，謚忠肅。事跡見《宋史·忠義本傳》。

于肇其人，崇寧三年重定黨籍時，于在余官之列，大觀二年六月出籍。

謝克明，在仰天山題名中凡四見，是同遊者出現最多的一個人，表明他同明誠關係密切。他字如晦，又字叔子，可能是明誠姨弟。《揮麈錄後錄》卷七：「元祐中，有郭概者，東平人，法家者流，徧歷諸路提點刑獄，善於擇婿，趙清憲（趙挺之謚清憲）、陳無己、高昌庸、謝良弼，名位皆優，而謝獨不甚顯，其子乃任伯，後爲參知政事。」按任伯名克家，上蔡人。靖康二年四月，曾奉「大宋受命之寶」往迎康王趙構於濟州，紹興元年官參知政事。徽宗入金，他作過一首〈憶君王〉詞，頗有名。紹興三年九月十一日，謝克家跋明誠舊藏《蔡襄謝御賜書詩卷》云：「姨弟趙德夫，昔年屢以相示，今下世未幾，已不能保有之，覽之淒然。」（見上海古籍出版社該帖影印本）克明，應爲克家之弟。

明誠仰天題名，是乾隆時益都人段赤亭，參與《山左金石志》一書資料拓本收集工作中發現的。赤亭著有《益都金石記》。朱文藻〈益都金石記序〉中說，「赤亭性情既與德父合，而德父題名又賴赤亭復顯于世」但是朱氏誤以仰天題名爲沂山題名。《山左金石志》、《山東通志》、《寰宇訪碑錄》也把題名中的三處題作沂山題名，亦誤。

二、靈巖寺題名和泰山題名

靈巖寺在山東省長清縣，是唐、宋時代的名刹，有唐代書法家李邕所書〈靈巖寺頌碑〉，見《金石錄》卷七。明誠題名刻在宋嘉祐六年〈齊州靈巖寺千佛殿記〉碑側，共五行，記明誠三過靈巖，出自親筆，全文是：

「東武趙明誠德甫，東魯李擢德升、躍時升，以大觀三年九月十三日同來，凡留兩日乃歸。

後四年，德父復自歷下將如奉高過此。政和三年閏月六日。

丙申三月四日復過此。德父記。」

明誠題名右側，有河間權邦彥美成大觀己丑孟冬十二日題名。《宋史》卷一五五〈權邦彥傳〉：「字朝美，河間人。」應屬一人，但其字不合，當以石刻爲據。

泰山題名，在岱頂唐玄宗〈紀泰山銘〉右側，一九八〇年夏，周福森、何洪源據乾隆《泰安志》，訪得題名所在。亦爲明誠手跡。可辨識者四行：

「太原王貽公與□□□□與

天水趙明誠德父

政和三年閏月
八日同登。」

明誠靈巖題名，自署東武，泰山題名又署天水。漢時，諸城爲東武縣，明誠諸城人，故自署東武。天水，乃趙氏郡望。宋人於籍貫每喜署郡望，眉山蘇軾自署趙郡，即其一例。米芾跋蔡襄〈進謝御賜書詩卷〉，稱明誠父爲大丞相天水公，義同。

明誠第二次到靈巖，是由歷下到奉高路過這裡。歷下即歷城，因城南有歷山故名。奉高，本爲漢縣，漢武帝元封元年封禪泰山至此，置以奉祀泰山，治所在今泰安市東。這裡奉高指泰山。據《宋史·徽宗紀》，政和三年閏四月。明誠閏四月六日過靈巖，八日登上岱頂，路程比較緊張。《金石錄》卷二十四〈唐登封紀號文〉跋：「右〈大唐登封紀號文〉，凡兩碑，皆高宗自撰并書。……政和初，余親至泰山，得此二碑入錄焉。」所記即政和三年閏月八日這次活動所得。

丙申年，是政和六年，題名云「復過此」，可知也是途中暫時停留。

靈巖、泰山題名涉及的人當中，李擢已見前，（李）躍字時升，似爲李擢之弟，事跡待考。王貽公生平，亦未詳。

三、題名資料與鄉居的幾個問題

李清照在〈金石錄後序〉中，回顧了她們夫婦在京師的幾年共同生活之後，說過這樣一段話：「後屏居鄉里十年，仰取俯拾，衣食有餘。連守兩郡，竭其俸入，以事鉛槧。」這幾句話的內容，涉及三個問題：第一，屏居鄉里，指的是什麼地方？第二，屏居十年的起迄時間；第三，連守兩郡是哪兩郡？對這三個問題，有一些不同的解釋。依據題名資料，可以在前人研究的基礎上，對這三個問題作進一步的探索和補充。

第一個問題，經近人研究，已經明確，所居鄉里，應指青州。主要根據是，明誠雖是諸城人，但是他父親趙挺之在世時，已遷居青州。《宋宰輔編年錄》卷十二：「始挺之自密州徙家青州」，又《續資治通鑑長編》引〈挺之行狀〉：「明年（崇寧五年）春，數乞歸青州私第。」清照南渡後亦稱「青州故第」云云（〈金石錄後序〉），可證。現據題名，再補充一條旁證。據題名，明誠所遊仰天、泰山、靈巖等地，離青州最近而又遊覽最多的地方是仰天。其所以屢遊仰天，一是因爲風景美，二是因爲距離近。

第二個問題中，關於鄉居開始的年限，也比較清楚。明誠回鄉，是因爲父喪。大觀元年三月，趙挺之卒。卒後三日遭蔡京誣陷，置獄窮治，但因無事實，七月獄具。故明誠夫婦屏居青州，當在大觀元年的下半年，至遲也不會晚於大觀二年年初，明誠大觀二年重陽遊仰天，是這一年他已在鄉的確證。問題是鄉居的下限當斷於何年。有的把「十年」當成一個確數，則自大觀二年算起，到政和七年（一一一七年）已滿「十年」之期。聯繫下文「連守兩郡」之句，則明誠應於政和七年或次年（重和元年）復官守郡。但是關於這一點，目前尚未見任何材料記載。有的人認爲，所謂「十年」，只是一個約略的成數，不必局限於「十年」之說。這個意見，值得注意。

至於第三個問題，按趙明誠題名時間，最早是大觀二年，最晚是宣和三年四月，前後共十三年。自宣和三年下半年起，有關明誠守郡的記載有：

1.李清照〈感懷詩序〉：「宣和辛丑八月十日到萊，獨坐一室，平生所見，皆不在目前。几上有《禮韻》，因信手開之，約以所開爲韻作詩，偶得子字。」（《彤管遺編》）。

2.《金石錄》卷二八〈唐富平尉顏喬卿碣〉跋中有云：「宣和癸卯（五年）中秋，在東萊重易裝標。」

3.《金石錄》卷二一〈後魏鄭義碑〉跋：「……蓋道昭嘗爲光州刺史，即今萊州也，故刻其父碑于茲州。余守是州，嘗與僚屬登山，徘徊碑下久之。」

4.《宋會要輯稿》選舉卷三三：「（宣和七年）十二月二日詔，朝散郎權發遣淄州趙明誠職事修舉，可特除直秘閣。」

5.〈金石錄後序〉：「至靖康丙午歲，侯守淄州，聞金人犯京師……」

就清照〈感懷詩序〉所說，宣和三年八月十日清照到萊，「平生所見，皆不在目前」，是明誠到任未久的情景。又據〈顏喬卿碣〉跋，宣和五年中秋，明誠尚在萊州。按宋制，地方官任期三年。明誠自宣和三年下半年守萊，至六年秩滿，其守淄當在是年下半年或七年初。宣和七年十二月詔文稱明誠「職事修舉」云云，表明明誠守淄至此已有一定時日。這樣，「連守兩郡」當可解釋爲連守萊、淄二州。如果鄉居的開始，斷至宣和三年上半年，則以後連守兩郡，中間沒有時間間隔，順理成章，皆有材料根據。

清人俞正燮《易安居士事輯》，以爲明誠鄉居十年之後，「起知青、萊二州」。他這樣說，可能拘於「十年」之數。但無材料根據。據《北宋經撫年表》，從大觀元年到宣和二年先後知青州的，依次是姚祐（大觀元年、二年）、王漢之（大觀二年、三年）、徐處仁（大觀四年）、余深（大觀四年五月至政和二年六月）、梁子野（政和二年）、郭照（政和二年）、錢即（政和三年）、王甹（政和三年、四年）、梁子美（政和四年至六年）、崔直躬（政和七年、重和元年）。宣和元年未詳。宣和二年十二月，曾孝蘊自歙州移知青州，道改杭州，趙霆自杭州移知青州。如按「十年」之數，明誠知青州，應在重和元年，但其時爲崔直躬。俞說不足據。

綜上所述，我們認爲，明誠在父喪後屏居青州鄉里，其時間大體上與題名的年限相一致，前後共十三年。以題名材料爲依據，再補充以其他有關記載，明誠鄉居十三年的活動（無具體年月的不錄），可編成下列年表：

大觀二年，明誠夫婦屏居青州。秋重陽，明誠與友人李擢登仰天山。

大觀三年端午，明誠與二兄導甫及李擢、于肇、謝克明再遊仰天。九月十三日，與東魯李擢德升，（李）躍時升，遊長清靈巖寺，留兩日乃歸。冬十一月，文及甫在青社簡政堂，觀明誠所藏《蔡襄謝御賜書詩卷》（見該帖上海古籍出版社影印本文及甫跋）。文及甫乃文彥博子。青社即青州。

政和元年辛卯，二月，明誠友人王壽卿跋明誠所藏徐鉉〈小篆千字文〉真跡（見岳珂《寶晉齋法書贊》卷九）。八月中秋，與王蔚、李綠、傅察等三遊仰天。

政和三年，閏四月六日，自歷下赴奉高過靈巖寺，八日，與太原王貽公登泰山。是行得〈唐登封紀號文〉兩碑，秋，明誠爲清照畫像〈易安居士三十一歲之照〉題詞（中華書局本《李清照集》刊此照圖片，不類宋人衣裝，頗可疑。四印齋所刻詞本《漱玉詞》刊此圖重摹本，王鵬運跋云，此像舊藏諸城某氏，王竹居舍人以摹本見贈，由劉炳堂重摹，原畫手幽蘭一枝，易以黃花。姑附於此。）

政和五年乙未，明誠得〈漢司空殘碑〉於洛陽天津橋之故基（見《金石錄》卷十九）。

政和六年三月四日，明誠復過靈巖，留題於〈千佛殿記〉碑側。

政和七年，九月十日，明誠友人劉跂爲《金石錄》作後序（序文見《金石錄》、《宋文鑒》及劉跂《學易集》）。又劉跂《學易集》卷二〈題古器物銘碑贈得甫兼簡諸友〉詩：「……邇來三十載，復向趙卿見。收藏又何富，摹寫粲黃卷。……遂將傳琬琰，索我序巨贊。我衰心力薄，遊不出里閈。孔懷忘年交，契闊異州縣。深慚千里駕，請畢十日燕……」劉跂乃故相劉摯子，家居東平。據此，明誠是年秋當登門索序。

宣和三年四月二十五、二十六日，明誠與盧彥承，趙守誠、克誠，謝克明等再遊仰天。

是年下半年，明誠守萊，清照八月十日到萊。

補記：趙明誠仰天山和靈巖寺題名中的李擢，歷城人，乃明誠妹婿，詳本譜卷首，本文所說，誤。又，謝克明，係謝克家之弟，見《文物》一九八五年第1期屈守元〈關於宋人謝克家、謝克明兄弟〉。

附錄六

李清照南渡後的一樁公案

——讀〈金石錄後序〉札記

于中航

李清照南渡後，所攜文物圖書的散失，是她後半生的一大悲劇。她在回憶這些文物圖書散失的經過時，及攜帶銅器等物向高宗投進一事，在〈金石錄後序〉這篇類乎自傳的文章中寫道：

「（建炎三年）冬十二月，金寇陷洪州。……上江既不可往，又虜勢叵測，有弟迒，任敕局删定官，遂往依之。到台，台守亡遁。之剡，出陸，又棄衣被之黃岩，雇舟入海，奔行朝。時駐蹕章安，從御舟海道之溫，又之越。庚戌十二月，放散百官，遂之衢。紹興辛亥春三月，復赴越。壬子，又赴杭。先侯疾亟時，有張飛卿學士，攜玉壺過視侯，便攜去，其實珉也，不知何人傳道，遂妄言頒金之語，或傳亦有密論列者。余大惶怖，不敢言，亦不敢遂已，盡將家中所有銅器等物，欲往外廷投進，到越，已移幸四明，不敢留家中，并寫本書寄剡。」

細讀這段文字，我們不禁會產生一個問題，即一個剛剛死了丈夫孤苦無告的婦女，何故如此惶怖不安，追隨被金兵追迫而疲於奔命的高宗，希圖投進家中所有銅器等物？這難道不是一樁值得研究的公案嗎？

清人陸心源，以爲「頒金」乃「獻璧北朝」之意，近人有的以爲「頒金」即「頒賜金人」。總之，兩種解釋都有「裡通敵國」之意，罪莫大焉。但是，誠如王學初《李清照事跡編年》所説，「如確爲通敵之意，清照以銅器等物投進，亦不能使其解。後序所説玉壺、頒金一事，文字不明顯，殊不易解，殆亦有訛字，奪文，……不必強作解釋。」如果所謂玉壺、頒金一事不論，則事情本很明白，當時分明有人利用清照困難處境，散布流言蜚語，惡意中傷，向清照施加壓力，陰謀奪取清照身邊所有珍貴文物。《建炎以來繫年要錄》（以下稱《要錄》）卷二十七，建炎三年閏八月壬辰條，記有和安大夫、開州團練使致仕王繼先以黃金三百兩，向故秘閣修撰趙明誠家市古器一事，「兵部尚書謝克家言，恐疏遠聞之，有累盛德，欲望寢罷。批令三省取問繼先因依。」

王繼先是什麼人？是高宗的御醫、親信，一個佞幸小人。《宋史·王繼先傳》：「王繼先，開封人，奸黠善佞，建炎初以醫得幸，其後寢貴寵，世號王醫師。……繼先遭遇冠絕人臣，諸大臣承順下風，莫敢少忤。」明誠死於建炎三年八月十八日，剛剛入土，王繼先即來趙家市古器物，從王繼先的爲人、身分、地位來看，這一行動很不尋常。當時王繼先必曾向清照恫嚇，很有可能王繼先此舉實出於高宗本人的授意。不然，爲什麼謝克家說「恐疏遠聞之，有累盛德」呢？此事結局如何，未見記載。從後來清照追蹤投進的活動看，似仍與此事有關。李慈銘〈書陸剛甫觀察儀顧堂題跋後〉：「高宗頗好書畫，未聞其好器玩……時明誠甫於八月卒，高宗方爲金人所迫，流離奔竄，即甚荒闇之主，尚安得留心玩好，令人進奉博官。」李氏此文，是就陸心源以玉壺、頒金與張汝舟有關而發，這一點，我們不準備討論。但是，他爲高宗所作的辨解，實不足據。高宗和徽宗一樣，是一個大骨董迷，其搜求古器、書畫、書籍之事，屢見於宋人記載：

1.據《三朝北盟會編》記載：蔡川人畢良史，即以買賣古器書畫得幸於高宗，人號畢骨董。良史，字少董，「少遊京師，以買賣古器書畫之屬，出入貴人之門，當時謂之畢償。」南渡以後，赴行在，「內侍皆喜之」。當時高宗「方搜求古器書畫之屬，恨未有辨其真僞者，得良史甚悅，月給俸五千。」以後借機補文學。宋金議和，金人暫還一部分土地，畢良史奉命權知東明。他在這裡大力收集京城流散出來的古器書畫，一應骨董。金人敗盟後，盡載所有骨董歸來，高宗大喜，於是以解《春秋》改京秩，自此人號畢骨董。又據《要錄》卷一五四。紹興十五年九月畢良史出知盱眙榷場又得古器十五件。

2.《齊東野語》卷六〈紹興御府書畫式〉：「思陵（指高宗）妙悟八法，留神古雅，干戈俶擾之際，訪求法書名畫不遺餘力。……故四方爭以奉上無虛日。後又於榷場購北方遺失之物。故紹興內府所藏，不減宣政。」

3.《要錄》卷三十八建炎四年十月丙子。「（高宗）因謂（范）宗尹曰：比閱王球家所收皇上書畫，有御制鶺鴒賦。」

4.《揮麈錄》前錄卷一：「太上（高宗）警蹕南渡，屢下搜訪之詔，獻書補官者數人。」

這段記載表明，高宗于干戈俶擾之際，根本沒有忘懷古器書畫之類的搜求。因而「四方爭以奉上無虛日」，以進奉古器書畫之類得官者，頗不乏人。趙明誠收藏之富爲世人所知，他死後這些文物成爲某些有勢力人物包括高宗在內，覬覦獲取的對象，自然是意料中事。據〈金石錄後序〉所記，明誠死後所餘文物，後來有的盡入故李將軍家，有的被竊後，運使吳說以賤價得之。是否有流入皇帝內府之物，〈後序〉沒有說，或不敢說，但據另外的記載，情況是有的，有的還是高宗詔令索取。

1.謝克家跋趙明誠舊藏《蔡襄謝御賜書詩卷》：「姨弟趙德夫，昔年屢以相示。今下世未幾，已不能保有之，覽之淒然。汝南謝克家，癸丑（紹興三年）九月十一日，臨安法慧寺。」據《要錄》卷六十三，紹興三年二月庚寅，詔以法慧寺爲同文館。可見此帖已入內府。

2.《宋會要輯稿》第五十五册崇儒四：紹興五年五月三日，「詔令婺州索取故直龍圖閣趙明誠家藏哲宗皇帝實錄繳進。」《建炎以來朝野雜記》甲集卷四，亦載此事，云得此書於故相趙挺之家。

綜上可知，清照攜往江南文物圖書的散失，有勢力者趁火打劫、千方百計攫奪，是重要原因之一。王國維《宋代之金石學》：「當南渡之初，國勢未定，而高宗孜孜搜定古器如此。」高宗棄中原土地人民於不顧，在奔命逃竄之際，仍不忘搜求古器，居然搞到一個寡婦頭上來了。清照〈後序〉實有難言之痛，不敢率直說出事情真相。假如「頒金」一事，確爲通敵之意，則當時通敵的正好是高宗自己。建炎三年八月，即趙明誠去世之月，高宗派人向金主乞和，并致書金帥宗維，搖尾之憐。信中略云：「今以守則無人，以奔則無地，此所以諰諰然惟冀閣下之見哀而赦已。」李清照〈夏日絕句〉云：「生當作人傑，死亦爲鬼雄，至今思項羽，不肯過江東。」女詞人對高宗腐朽賣國集團反動本質的認識和憤慨可謂深矣。

引用書目

續資治通鑑長編　宋　李燾
皇宋通鑑長編紀事本末　宋　楊仲良
宋史　元　脫脫等
續資治通鑑　清　畢沅
續資治通鑑長編拾補　清　黃以周
宋宰輔編年錄　清　徐自明
北宋經撫年表　清　吳廷燮
宋會要輯稿　清　徐松輯
靖康要錄
建炎以來繫年要錄　宋　李心傳
三朝北盟會編　宋　徐夢莘
皇朝編年備要　宋　陳均
皇宋十朝綱要　宋　李埴

續宋中興編年資治通鑑　宋　劉時舉
名臣言行錄　宋　朱熹
名臣碑傳琬琰集　宋　杜大珪
太平治跡統類　宋　彭百川
文獻通考　元　馬端臨
金石錄　宋　趙明誠
洛陽名園記　宋　李格非
打馬圖經　宋　李清照
歐陽修集古錄跋尾卷　商務印書館影印本
豫章黃先生集　宋　黃庭堅
雞肋集　宋　晁補之
張右史集　宋　張耒
西台集　宋　畢仲游
蘇文忠公詩集編注集成　清　王文誥
後山居士文集　宋　陳師道

後山詩註　宋　任淵
學易集　宋　劉跂
演山先生集　宋　黃裳
樂靜集　宋　李昭玘
摛文堂集　宋　慕容彥逢
橫塘集　宋　許景衡
忠肅集　宋　傅察
浮溪集　宋　汪藻
簡齋集　宋　陳與義
渭南文集　宋　陸游
老學庵筆記　宋　陸游
朱文公文集　宋　朱熹
朱子語類　宋　朱熹
攻媿集　宋　樓鑰
北海集　宋　綦崇禮

忠穆集　宋　呂頤浩
松筠集　宋　李彌遜
東窗集　宋　張擴
大隱集　宋　李正民
後村先生大全集　宋　劉克莊
樂書　宋　陳暘
韓集舉正　宋　方崧卿
玉海　宋　王應麟
禮記集說　宋　衛湜
澠水燕談錄　宋　王闢之
夢溪筆談　宋　沈括
雞肋編　宋　莊綽
楓窗小牘　宋　袁褧
容齋隨筆　宋　洪邁
夷堅志　宋　洪邁

碧雞漫志　宋　王灼
四六談麈　宋　謝伋
風月堂詩話　宋　朱弁
萍洲可談　宋　朱彧
貴耳集　宋　張端義
雲麓漫鈔　宋　趙彥衛
苕溪漁隱叢話　宋　胡仔
清波雜志　宋　周煇
鐵圍山叢話　宋　蔡絛
揮麈錄　宋　王明清
澗泉日記　宋　韓淲
瑞桂堂暇錄
麟台故事　宋　程俱
墨莊漫錄　宋　張邦基
墨客揮犀　宋　彭乘

冷齋夜話　宋　惠洪
避戎夜話　宋　石茂良
過庭錄　宋　范公偁
浩然齋雜談　宋　周密
蔡襄謝御賜書詩卷　上海書店影印本
寶晉齋法書贊　宋　岳珂
籀史　宋　翟耆年
考古圖　宋　呂大臨
博古圖　宋　王黼
鐘鼎款識　宋　王厚之
歷代鍾鼎彝器款識　宋　薛尚功
歲時廣記　宋　陳元靚
樵歌　宋　朱敦儒
樂府雅詞　宋　曾慥
梅苑　宋　黃大輿

釣台集　清　劉伯潮輯本
隸釋　宋　洪适
郡齋讀書志　宋　晁公武
直齋書錄解題　宋　陳振孫
方輿勝覽　宋　王象之
輿地紀勝　宋　祝穆
東京夢華錄　宋　孟元老
嘉定赤城志　宋　陳耆卿
景定建康志　宋　周應合
天台續集別集　宋　林表民
事文類聚翰墨大全　元　劉應季
詩女史　明　田藝蘅
彤管遺編　明　酈琥
清容居士集　元　袁桷
中菴集　元　劉敏中

齊乘　元　于欽
金囦集　元　元淮
宋學士集　明　宋濂
太平清話　明　陳繼儒
清河書畫舫　明　張丑
書史會要　明　陶宗儀
南村輟耕錄　明　陶宗儀
庚子消夏記　清　孫承澤
讀史方輿紀要　明　顧祖禹
濟南金石志　清　王鎮馮雲鵷
萬曆章邱縣志
道光章邱縣志
歷乘　明　劉敕
乾隆歷城縣志
山東通志　清　揚士驤

明青州府志
清光緒臨朐縣志
山左金石志　清　阮元
中州金石志　清　畢沅
花草蒙拾　清　王士禎
古懽堂集　清　田雯
鮚埼亭集　清　全祖望
癸巳類稿　清　俞正燮
四印齋刻漱玉詞　清　王鵬運
蕙風詞話　清　況周頤
蓮子居詞話　清　吳衡照
越縵堂讀書記　清　李慈銘
李清照集　一九六二年中華書局
李清照集校注　王學初　人民文學出版社
李清照事跡作品雜考　王仲聞（文史一九六二年第二輯）

廉先生序石刻考釋　于中航　文物一九八四年第五期
趙明誠題名和鄉居青州考　于中航　文物一九八四年第六期
趙明誠李清照和傅自得關係小考　林振禮　泉州師專學報一九八六年第二期
有關趙明誠李清照夫婦的一份珍貴資料　吳金娣　上海師大學報哲學社會科學版一九八七年第二期

李清照年譜／于中航編著. -- 初版. --臺北市
：臺灣商務，1995[民84]
面；　公分
參考書目：面
ISBN 957-05-1203-2(平裝).

1. (宋)李清照－年表

782.9521　　　　84010051

李清照年譜

定價新臺幣二四〇元

編著者　于中航
責任編輯　雷成敏
封面設計　江美芳
校對者　葉美玉　許素華
發行人　張連生
出版者
印刷所　臺灣商務印書館股份有限公司
臺北市重慶南路一段三十七號
電話：（〇二）三一一六一一八
傳真：（〇二）三七一〇二七四
郵政劃撥：〇〇〇〇一六五—一號
出版事業登記證：局版臺業字第〇八三六號

• 一九九五年十一月初版第一次印刷

ISBN 957-05-1203-2(平裝)　　43680000